Sabine Seyffert

Bewegen und entspannen
in der Grundschule

Frühlingstanz
und Schneeflockenmassage

Cornelsen

Lektorat: Christiane Emmert, München
Umschlaggestaltung: Corinna Babylon, Berlin
Umschlagfoto: Shutterstock / goodmoments (tanzendes Mädchen);
Shutterstock / Mushakesa (Schneekristalle)
Layoutkonzept: Claudia Adam Graphik Design, Darmstadt / LemmeDESIGN, Berlin
Layout / Technische Umsetzung: LemmeDESIGN, Berlin

www.cornelsen.de

1. Auflage 2019
© 2019 Cornelsen Verlag GmbH, Berlin

Das Werk und seine Teile sind urheberrechtlich geschützt. Jede Nutzung in anderen als den gesetzlich zugelassenen Fällen bedarf der vorherigen schriftlichen Einwilligung des Verlages. Hinweis zu §§ 60a, 60b UrhG: Weder das Werk noch seine Teile dürfen ohne eine solche Einwilligung an Schulen oder in Unterrichts- und Lehrmedien (§ 60b Abs. 3 UrhG) vervielfältigt, insbesondere kopiert oder eingescannt, verbreitet oder in ein Netzwerk eingestellt oder sonst öffentlich zugänglich gemacht oder wiedergegeben werden. Dies gilt auch für Intranets von Schulen.

Druck: AZ Druck und Datentechnik GmbH, Kempten

ISBN 978-3-589-16539-1

PEFC zertifiziert
Dieses Produkt stammt aus nachhaltig bewirtschafteten Wäldern und kontrollierten Quellen.
www.pefc.de

Sabine Seyffert
Bewegen und entspannen
in der Grundschule

Sabine Seyffert ist staatlich anerkannte Erzieherin, Entspannungspädagogin, Psychologische Beraterin und Kinderbuchautorin. Sie ist freiberuflich tätig; in ihren Praxisräumen in Wuppertal führt sie Fortbildungsseminare für Pädagogen durch und bildet interessierte Fachkräfte zum „Entspannungspädagogen für Kinder" aus. Außerdem bietet sie Entspannungs- und Kreativkurse für Kinder, Jugendliche und Erwachsene und Veranstaltungen zu ihren Büchern an.

Inhalt

Vorwort	9
Einführung	11
Entspannungsrätsel – was ist das?	11
Mitmachgeschichten zum Bewegen und Entspannen – warum?	13
Massagen für Kinder – auf was muss ich achten?	15
Fantasiereisen zum Entspannen – wie funktionieren sie?	17
Januar	20
Entspannungsrätsel „Schnee"	20
Mitmachgeschichte „Hurra, es schneit"	21
Massage „Wenn der Schnee vom Himmel fällt"	23
Fantasiereise „Ein wunderschöner Tag im Schnee"	26
Weiterführende Spielideen	30
Februar	36
Entspannungsrätsel „Karneval"	36
Mitmachgeschichte „Im Karneval, da ist was los"	37
Massage „Kunterbunte Clownsgesichter"	39
Fantasiereise „Ein bunter Tag im Karneval"	40
Weiterführende Spielideen	43

März — 45

Entspannungsrätsel „Osterglocke"	45
Mitmachgeschichte „Wenn der Frühling leise erwacht"	46
Massage „Der Frühling macht sich auf den Weg"	48
Fantasiereise „Hurra, es ist Frühling"	49
Weiterführende Spielideen	52

April — 54

Entspannungsrätsel „Marienkäfer"	54
Mitmachgeschichte „Ein kleiner Käfer krabbelt ganz munter"	55
Massage „Kribbel-Krabbel-Käferlein"	57
Fantasiereise „Mit dem Marienkäfer auf der Reise"	58
Weiterführende Spielideen	60

Mai — 62

Entspannungsrätsel „Pusteblume"	62
Mitmachgeschichte „Von Löwenzahn und Pusteblumen"	63
Massage „Komm, wir spielen Pusteblumen"	65
Fantasiereise „Liebe Pusteblume, nimm mich mit"	67
Weiterführende Spielideen	69

Juni — 71

Entspannungsrätsel „Pony"	71
Mitmachgeschichte „Im Pferdestall"	72
Massage „Liebes Pony, steh schön still"	74
Fantasiereise „Ein Ausritt im Grünen"	75
Weiterführende Spielideen	78

Juli 80

Entspannungsrätsel „Ferien"	80
Mitmachgeschichte „Hurra, wir fahren in den Urlaub"	81
Massage „Komm mit ans Meer"	83
Fantasiereise „Ein wunderschöner Urlaubstag"	84
Weiterführende Spielideen	87

August 90

Entspannungsrätsel „Zelt"	90
Mitmachgeschichte „Komm, wir gehen zelten"	91
Massage „Auf dem Zeltplatz"	93
Fantasiereise „Ein gemütlicher Abend am Lagerfeuer"	95
Weiterführende Spielideen	97

September 101

Entspannungsrätsel „Wald"	101
Mitmachgeschichte „Wir gehen im Wald spazieren"	102
Massage „Ki-Ka-Kastanie"	104
Fantasiereise „Ein Spaziergang im Wald"	105
Weiterführende Spielideen	108

Oktober 111

Entspannungsrätsel „Drachen"	111
Mitmachgeschichte „Heute lassen wir die Drachen steigen"	112
Massage „Was mein Drachen alles kann"	115
Fantasiereise „Das große Drachenfest"	116
Weiterführende Spielideen	119

November 121

Entspannungsrätsel „Laterne"	121
Mitmachaktion „Komm, wir wollen zum Laternenumzug"	122
Massage „Mein leckeres Hefeteigmännchen"	123
Fantasiereise „Mit der Laterne durch die Nacht"	125
Weiterführende Spielideen	127

Dezember 130

Entspannungsrätsel „Weihnachtsbaum"	130
Mitmachgeschichte „Wir kaufen einen Tannenbaum"	131
Massage „Der Weihnachtsbaum glänzt voller Pracht"	133
Fantasiereise „Endlich ist Weihnachten"	134
Weiterführende Spielideen	136
Seminare mit der Autorin	138
Bildquellenverzeichnis	139

Vorwort

Liebe Leserinnen und liebe Leser!

Dieses Buch ist eine wahre Fundgrube für all diejenigen, die Kindern etwas Gutes tun möchten und sich für das Thema „Entspannung" interessieren. Wie wichtig ausreichend Entspannung bereits für Kinder ist, werden Sie in Ihrer täglichen Arbeit selbst feststellen. Immer mehr Kinder sind unruhig, unausgeglichen und den Anforderungen unserer Gesellschaft nicht mehr gewachsen. Manche Kinder werden dadurch aggressiv, fallen ständig negativ auf und wissen nicht, wie sie den Druck, der auf ihnen lastet, mindern können. Andere Kinder ziehen sich zurück, werden immer stiller und fallen meist gar nicht auf, da jede Kindergartengruppe und Schulklasse bereits genügend Kinder hat, die alles aufmischen und für stetige Unruhe sorgen.

Aus diesem Grund sind berufliche Zusatzqualifikationen für Pädagogen im Bereich der Entspannung immer gefragter. Aber Sie müssen nicht zwingend eine solche Zusatzausbildung haben, um Kindern zu etwas mehr Gelassenheit und Ruhe im Alltag zu verhelfen. Eigene Motivation, Spaß und Freude am Thema sowie eine gute Vorbereitung sind der richtige Weg dahin. Ideen, Tipps, Anleitungen und jede Menge praktischer Übungseinheiten finden Sie in diesem Buch.

Die verschiedenen Sorten von Entspannungsübungen sollen Ihnen, und vor allen Dingen den Kindern, aufzeigen, dass es immer mehrere Möglichkeiten und Ansätze gibt, zur Ruhe zu kommen, abzuschalten und aufzutanken. Daher finden Sie in diesem Buch neben den klassischen Fantasiereisen auch Entspannungsrätsel, Bewegungsgeschichten und Massagen für jeden Monat.

Mir war ganz wichtig, Ihnen verschiedene Ansätze und Ideen an die Hand zu geben, mit denen Sie Kindern zu mehr Ruhe und Gelassenheit verhelfen können. Kinder sind ja auch ganz unterschiedlich und haben verschiedene Bedürfnisse. Daher habe ich zu jedem Monat des Jahres einen Schwerpunkt gewählt und Ihnen dazu mehrere Übungen zusammengestellt. Ob Sie nun mit den Entspannungsrätseln und Fantasiereisen arbeiten, lieber die Massagen für Kinder durchführen oder die Bewegungsgeschichten in Ihrer Gruppe oder Klasse umsetzen, können Sie selbst entscheiden. Sie können die Ideen auch ganz unabhängig voneinander einsetzen und damit beispielsweise eine Sportstunde ergänzen, bereichern und abrunden.

Vielleicht sind Sie aber auch auf der Suche nach einem „kompakten" Entspannungstraining für Kinder und dankbar für die unterschiedlichen Umsetzungsmöglichkeiten. Dann können Sie die Anleitungen auch wunderbar als gesamten, gut durchdachten Stundenaufbau einer Entspannungseinheit einsetzen und die Übungen in der genannten Reihenfolge durchführen. Da die einzelnen Entspannungsübungen eines Monats thematisch aufeinander abgestimmt sind, wird das Entspannungstraining zu einer „runden" Sache mit sinnvoller Einführung und ruhigem Abschluss durch die Fantasiereise.

Die unterschiedlichen Entspannungsübungen lassen sich mit der ganzen Klasse durchführen, aber auch mit einzelnen Kindern oder in Kleingruppen. Sie sind so angelegt, dass auch Kinder mitmachen können, die bislang noch keine Erfahrungen mit dem Thema „Entspannung" gemacht haben.

Damit Sie über den Nutzen, die Wirkungsweise, den richtigen Einsatz und die Besonderheiten der unterschiedlichen Entspannungselemente informiert sind, werden diese zunächst vorgestellt.

Ihnen wünsche ich ein gutes Gelingen sowie viel Freude bei der Umsetzung. Allen Kindern, die von Ihnen begleitet werden, wünsche ich traumhafte Ausflüge ins Land der Fantasie und reichlich ruhige Momente im Alltag!

Mit ganz entspannten Grüßen

Ihre *Sabine Seyffert*

Einführung

Entspannungsrätsel – was ist das?

Entspannungsrätsel bieten einen sanften, ganz einfühlsamen Einstieg für Kinder, die bisher noch keinerlei Erfahrungen mit Entspannungsübungen irgendeiner Art gemacht haben. Denn Entspannungsrätsel sind im Gegensatz zu Fantasiereisen nur kurz und die Kinder werden motiviert, ganz still und aufmerksam zuzuhören, weil sie nur so des Rätsels Lösung erkennen können.

Im Grunde genommen werden Entspannungsrätsel genauso durchgeführt wie Fantasiereisen: Die Kinder suchen sich einen Platz im Raum, an dem sie es sich ganz gemütlich machen. Hat jeder seinen Platz gefunden und kehrt langsam Ruhe ein, beginnen Sie mit einer kleinen Hinführung als Einstieg zu dem gewählten Entspannungsrätsel:

So, nun leg (oder setz) dich bequem hin und schließe deine Augen. Spüre einen Moment lang den Boden unter dir. Höre in dich hinein, ob du dich auch wirklich rundherum wohlfühlst und dich nichts mehr stört. Vielleicht magst du noch deine Brille zur Seite legen, den Gürtel etwas weiter machen oder den obersten Knopf am Hemd öffnen.

Dann spüre, wie ruhig und entspannt du nun bist. Ganz ruhig und entspannt bist du.

Wenn dich nun nichts mehr stört, höre dem Rätsel zu, das ich heute mitgebracht habe. Denk daran, dass du ganz still bist und so lange wartest, bis auch alle anderen Kinder fertig zugehört haben. Im Anschluss haben dann alle die Möglichkeit, die Lösung zu nennen.

Dann sprechen Sie weiterhin mit ganz ruhiger Stimme den Text des von Ihnen ausgesuchten Entspannungsrätsels. Zwischen den einzelnen Sätzen müssen Sie hierbei besonders auf ausreichende Pausenlängen achten, damit die Kinder sich alle wissenswerten Dinge gut in Gedanken ausmalen und bildlich vor ihrem inneren Auge vorstellen können.

Wenn Sie das Entspannungsrätsel beendet haben, leiten Sie es mit einigen Worten aus und helfen damit den Kindern, aus der Entspannung zurückzukommen und wieder ganz aufmerksam zu sein.

Dazu könnten Sie folgenden Text sprechen:

So, nun atme einige Male ganz tief ein und aus. Balle deine Hände zu festen Fäusten. Wenn du magst, darfst du laut gähnen und dich nach Herzenslust recken und strecken, bis du dich wieder voller Kraft fühlst. Dann öffne in deinem eigenen Tempo die Augen und komme mit deiner Aufmerksamkeit zurück in diesen Raum.

Lassen Sie die Kinder im Anschluss berichten, was sie erlebt haben, und wie ihre Lösung des Rätsels ausgesehen hat. Es kommt bei den Entspannungsrätseln nicht zwingend darauf an, dass die Kinder die richtige Lösung erraten.

Tipp:
Haben Sie Kinder in der Gruppe, die sehr ungeduldig sind oder sich gerne in den Vordergrund drängen? Dann sollten Sie eine andere Möglichkeit im Anschluss wählen: Bitten Sie alle Kinder ganz ruhig zu sein und nicht zu sprechen. Gehen Sie im Anschluss nach dem Rätsel zu jedem Kind und lassen sich die Lösung ins Ohr flüstern. Eine andere Möglichkeit ist, jedem Kind Stifte und Papier zu geben, so dass jeder seine Lösung aufmalen und kreativ gestalten kann.

Mitmachgeschichten zum Bewegen und Entspannen – warum?

Je jünger die Kinder sind, desto schwerer fällt es ihnen erfahrungsgemäß, sich auf eine Fantasiereise oder längere Entspannungsphase einzulassen. Oftmals zappeln sie im Liegen herum und stören so den Ablauf sowie die anderen Kinder, die schnell zur Ruhe kommen und sich ganz auf die Geschichten einlassen.

In diesem Fall ist es ratsam, die Kinder durch Bewegung zur Ruhe zu bringen, vor allen Dingen diejenigen, die einen recht ausgeprägten Bewegungsdrang haben. Einfache Tobe- und Bewegungsspiele helfen da oft nicht. Viel wirkungsvoller sind so genannte Mitmach- oder Bewegungsgeschichten, in denen die Kinder durch eine Bewegungsanleitung zur Ruhe finden. Diese Mitmachgeschichten lassen dennoch ausreichend Raum für eigene Ideen und die Fantasie der Kinder. So kann man hier und da Ideen der Kinder aufgreifen und in den Ablauf einbeziehen. Auf diese Weise werden die Übungen noch lebendiger und auf die Bedürfnisse der Kinder zugeschnitten.

Bei den Bewegungsgeschichten kommt es nicht auf besondere Abläufe oder Schrittfolgen an, vielmehr stehen der Spaß und die Lust an der Bewegung im Mittelpunkt. Somit ist es auch nicht schwierig, die Mitmachgeschichte frei zu erzählen. Sie können dies ganz einfach mit Ihren eigenen Worten tun und in der Ausdrucksweise, welche die Kinder, mit denen Sie arbeiten, verstehen. Dadurch gerät der Ablauf auch nicht ins Stocken.

Die Mitmachgeschichten kommen in der Regel auch ohne zusätzliches Material aus. So lassen sich diese ohne große, zeitaufwendige Vorbereitung zu jedem Anlass und in vielen Situationen ganz spontan umsetzen. Dennoch kann man ab und an auf Zusatzmaterialien zurückgreifen und das Spielgeschehen damit noch interessanter und lebendiger machen. Möglicherweise haben Sie in Ihrer Schule oder Einrichtung ja auch eine Verkleidungskiste. Bei einigen Mitmachgeschichten bietet es sich an, dass sich die Kinder passend zum Inhalt verkleiden und die Geschichte dadurch ausschmücken.

Wenn Sie gerne mit Musik arbeiten, können Sie auch die jeweiligen Geschichten zum Bewegen und Entspannen mit leiser passender Musik untermalen. Das unterstreicht das Tempo und führt die Kinder unter Umständen sogar noch besser zur Ruhe, weil Musik zusätzlich inspiriert und auch eine ganz beruhigende Wirkung haben kann. Sie sollten nur darauf achten, ausschließlich instrumentale Musik ohne Text und Gesang einzusetzen, damit die Kinder nicht vom eigentlichen Geschehen und der Mitmachgeschichte sowie deren Abfolge abgelenkt werden.

Wichtig ist, dass alle Kinder ausreichend Platz haben und der Raum für die Bewegung nicht zu beengt ist. Schließlich sollen die Kinder ihren natürlichen Bewegungsdrang auch ausreichend ausleben können und nicht ständig gemaßregelt werden, dass sie nirgendwo dran- oder gar etwas umstoßen.

Ein Vorteil dieser Mitmachgeschichten ist, dass sie sich auch wunderbar mit vielen Kindern durchführen lassen und es nicht unbedingt eine Kleingruppe sein muss. Es muss hierbei auch keine absolute Ruhe herrschen, wie z. B. während einer Fantasiereise. Die ideale Gruppengröße für solche Geschichten liegt bei 6–12 Kindern. Aber sie lassen sich auch mit der gesamten Gruppe oder Schulklasse durchführen.

Massagen für Kinder – auf was muss ich achten?

Kinder lieben es, wenn sie massiert werden. Zudem sind Massagen eine wunderbare Möglichkeit, den Kindern Zuwendung und Geborgenheit durch körperliche Nähe und Berührung zu geben. Viele Kinder sind dabei ganz kreativ und massieren auch gerne selbst.

Mit Massagen für Kinder sind natürlich keine rein medizinischen Massagen gemeint, die Ihnen vielleicht aus einer ärztlichen Behandlung oder Physiotherapie bekannt sind. Vielmehr geht es hierbei um Streichelspiele – und Streicheleinheiten für Körper und Seele. Die Massagen sind dabei kindgerecht „verpackt". Die jeweiligen Anleitungen stecken in einer Art Spielgeschichte, die die Kursleitung erzählt. Die in der Geschichte vorkommenden Ereignisse werden von den Kindern mit den Händen in die Tat umgesetzt, entweder bei ihnen selbst oder als Partnermassage zu zweit.

Wichtig bei den Massagen mit Kindern sind feste Absprachen und Regeln. Sinnvoll ist es vorab mit den Kindern einige Streichelspiele durchzuführen, bei denen sich alle erst einmal selbst massieren. So lernen die Kinder zum einen recht schnell, welche Möglichkeiten der Berührung es gibt, was die Hände alles machen können: streicheln, zupfen, kneten, reiben, klopfen, tippen. Außerdem erfahren die Kinder dabei am eigenen Körper, wie sich die verschiedenen Berührungen anfühlen, wie die jeweiligen Berührungen genau ausgeführt werden müssen, damit sie angenehm sind, usw. Das ist eine wichtige Voraussetzung für Partnermassagen. Nur wenn ich weiß, was passiert, wie es gemacht wird, bin ich in der Lage, dies auch anderen weiterzugeben. Die Kinder werden dadurch aufmerksamer und vor allen Dingen wesentlich einfühlsamer miteinander umgehen.

Dennoch gilt bei diesen Massagen immer: Alle dürfen zu jeder Zeit Rückmeldung geben, wenn etwas unangenehm ist, nicht gut tut oder eine bestimmte Körperstelle nicht massiert und berührt werden darf. Daran müssen sich alle, die massieren, halten. Diese Regel ist entscheidend und hilft auch Ihnen bei einem reibungslosen Ablauf. So müssen diejenigen, die gerade massieren, nicht ständig nachfragen: „Ist es so in Ordnung?", „Ist es so recht?", „Soll ich fester massieren?" etc.

Darüber hinaus sollten die Kinder offen sein und auch akzeptieren, wenn anderen bestimmte Berührungen unangenehm sind, denn: was mir gefällt und gut tut, mag mein Gegenüber vielleicht gar nicht leiden. Jeder Mensch und jedes Kind ist unterschiedlich und hat andere Bedürfnisse und Empfindungen. Daher ist es sinnvoll, bei allen Massagen immer auch Zeit für Gespräche und Austauschrunden einzuplanen, bei denen die Kinder über ihre Erlebnisse und Gefühle sprechen können. So lernen sie dabei auch allerhand. Vor allen Dingen üben sie dabei, sich auszudrücken, in Worte zu fassen, was ihnen gut tut und gefällt. Dies ist eine wichtige Voraussetzung für ein gutes Miteinander in der Gruppe, aber auch für das eigene Selbstbewusstsein.

In der Regel sollten Sie für eine angenehme Raumtemperatur sorgen, bei der sich alle wohlfühlen und niemand friert. Auszuziehen braucht man sich für diese Massagen und Streichelspiele grundsätzlich nicht. Alle Berührungen spürt man auch gut durch ein T-Shirt oder ein dünnes Sweatshirt. Nur im Herbst und Winter, falls die Kinder wirklich ausgesprochen dicke Sachen wie z. B. Strick- oder Fleecepullis tragen, können sie diese ausziehen, weil es sich mit T-Shirt nicht nur bequemer entspannt, sondern man die Massagen so auch besser genießen kann.

Die Massagen in diesem Buch sind, ähnlich wie die Mitmachgeschichten zum Bewegen und Entspannen, als Anregung zu verstehen. Auch diese Texte sollten Sie möglichst gut kennen und frei vortragen, damit Sie individuell auf Ihre Kinder eingehen können. Bei vielen dieser Streichelspiele gibt es die Möglichkeit, eigene Ideen oder Wünsche der Kinder mit einfließen zu lassen. So wird eine Massage auch selten langweilig, da sie immer wieder aufs Neue anders umgesetzt wird. Ebenso können Sie eine Übung kürzen, erweitern oder auch dem Alter der Kinder entsprechend den Schwierigkeitsgrad anpassen. So lässt sich die eine oder andere Massage in abgewandelter Form auch bei einer Eltern-Kind-Spielgruppe, beim Mutter-Kind-Turnen, aber auch mal mit etwas älteren Kindern einer weiterführenden Schule oder bei einem Kindergeburtstag durchführen.

Wenn Sie eine Massage wählen, bei der sich die Kinder gegenseitig massieren, planen Sie bitte immer so viel Zeit ein, dass im Anschluss die Rollen getauscht werden. So kommt auch derjenige in den Genuss einer Streicheleinheit, der zuerst massiert hat.

Fantasiereisen zum Entspannen – wie funktionieren sie?

Dem grauen, tristen Alltag und dem ganzen Stress für eine Weile entfliehen? Mal einen Tag Urlaub vom hektischen Alltag? Ab auf die Insel, um einmal auszuspannen und Sonne zu tanken? Nichts leichter als das – dank der Fantasiereisen zum Entspannen und Träumen wird alles möglich! Denn diese wundervollen Entspannungsgeschichten nehmen Sie mit ins bunte Land der Fantasie, öffnen einen Koffer voller Träume und schenken den Zuhörern darüber hinaus Ruhe, Frieden und Geborgenheit.

Kinder lieben Fantasiereisen und fordern diese oft selbst ein. Denn hier werden sie zu wahren Helden, erleben Abenteuer, begegnen fantasievollen Gestalten wie Riesen, Zwergen, Feen und Königen und verfügen über besondere Fähigkeiten, die sie sonst im Alltag nicht haben. Ein Flug auf einem Zauberteppich, ein Ritt auf dem Wolkenschaf, ein Spaziergang auf dem Mondstrahl – das Unmögliche, das Unerreichbare geschieht, die Träume werden wahr.

Die Kinder lernen in den Geschichten abzuschalten, auszuruhen und dabei neue Kraft zu tanken. Sie fassen Mut und erlangen Selbstbewusstsein, da ihnen in den Fantasiereisen alles gelingt oder sie zumindest jemanden treffen, der ihnen dabei hilft. Sie können zum Teil auch durch die Fantasiereisen ihren Bewegungsdrang ausleben. Das sind viele Aspekte, die dafür sprechen, Kindern solche Geschichten regelmäßig zu „gönnen" und sie sie erleben zu lassen.

In den Fantasiereisen werden die Kinder direkt angesprochen, was es ihnen ermöglicht, die Geschichte intensiver zu durchleben. Das ist besonders wichtig, da sich in den Fantasiereisen Elemente und Übungsformeln aus der Entspannungsmethode des Autogenen Trainings wiederfinden wie Ruhe, eine angenehme Schwere, wohltuende Wärme und teilweise auch ein ruhiger Atem, der einen Luft holen und auftanken lässt.

Durch das Erzählte erhalten die Kinder allerhand Impulse und Anregungen. Da die Kinder bei den Fantasiereisen die Augen geschlossen haben, können sie sich das Gesagte vor ihrem inneren Auge vorstellen und in den schönsten Farben ausmalen, sich Räume und Gerüche denken und vieles mehr. Das fördert die Fantasie und Kreativität jedes Einzelnen auf wunderbare Art und Weise. Je öfter Sie mit den Kindern Fantasiereisen durchführen und je geübter die Kinder damit sind, desto weniger Anregungen müssen Sie geben. Kinder sind schließlich in der Lage, kleinere Pausen selbst mit Ideen, Bildern und Handlung zu füllen.

Bevor Sie mit Kindern eine Fantasiereise durchführen, sollten Sie darauf achten, dass die Kinder ausreichend Bewegung hatten, damit sie während der Geschichte wirklich ganz ruhig liegen können und niemand anderen stören. Hilfreich ist es, wenn alle Kinder eine Matte haben, auf die sie sich legen können, und wenn sie möchten, eine Decke zum Zudecken. Eine solche Decke bietet den Kindern „Schutz" und macht es nochmals behaglicher, gemütlicher, was natürlich den Einstieg in die Entspannung sinnvoll unterstützt.

Falls Sie die Möglichkeit haben, sollten Sie den Raum etwas abdunkeln oder zumindest das Licht ausschalten. So fällt es den Kindern leichter, ihre Augen zu schließen und wirklich zur Ruhe zu kommen.

Den Text der Fantasiereise können Sie ruhig ablesen. Dabei sollten Sie auf eine ruhige Stimme ebenso achten wie auf genügend Pausen zwischen den jeweiligen Sätzen. Nach manchen Absätzen kann die Pause auch mal etwas länger ausfallen, je nach Können und Erfahrung der Kinder. Wenn Sie kreativ sind und eigene Ideen haben, können Sie die Geschichten natürlich auch weiter ausschmücken, falls die Kinder die Entspannung sehr genießen, und so die Ruhephase entsprechend verlängern.

Wie auch bei den Entspannungsrätseln ist es sinnvoll, jede Fantasiereise mit einer kleinen Einleitung zu beginnen und ebenso zu beenden. Das hilft den Kindern abzuschalten und alles andere für einen Moment zu vergessen.

Dies ist wichtig, damit sie wirklich zur Ruhe zu kommen und neue Kraft sammeln.

Wenn die Kinder nach der Fantasiereise nicht einschlafen sollen, sollte die Entspannungsphase durch das sogenannte Zurücknehmen beendet werden. Dabei atmen die Kinder tief ein und aus, ballen die Hände zu festen Fäusten, recken und strecken sich. Das bringt Körper und Kreislauf wieder in Schwung und signalisiert auf wirkungsvolle Art und Weise, dass die Entspannungsphase beendet ist.

Generell sollten Sie den Kindern im Anschluss die Gelegenheit geben, über das Erlebte zu sprechen, die Geschichte mit eigenen Worten nachzuerzählen, zu verraten, was sie bei der Geschichte empfunden haben. Das ist auch für Sie sicher spannend, da jedes Kind ein und dieselbe Fantasiereise gänzlich anders erlebt, obwohl das Erzählte bei allen dasselbe war.

Es bietet sich auch an, im Anschluss an eine Fantasiereise mit den Kindern das Erlebte kreativ umzusetzen und sie es auf diese Weise verarbeiten zu lassen: in Form von gemalten Bildern, Collagen, durch das Experimentieren mit Farben, Pastell- und Ölkreide usw.

Januar

Entspannungsrätsel „Schnee"

Stell dir vor, du wohnst hoch oben in den Wolken. Dort liegst du eingekuschelt zwischen vielen Schwestern und Brüdern. Du bist ganz weiß... Wenn es Winter und draußen allmählich kälter wird, wirst du geweckt. So machst du dich irgendwann, wenn die Zeit reif ist, auf den Weg. Ganz langsam schwebst du in einem weißen Pelz hinunter zur Erde... Die Kinder unten auf der Erde freuen sich, wenn du mit allen Brüdern und Schwestern ankommst. Dann flitzen sie in den Keller, holen ihre Schlitten und ziehen sich warm an... Du machst die Gärten, Wiesen und Felder wunderbar weiß. Aus dir bauen die Kinder gerne einen dicken Schneemann, der allen im Garten entgegenlacht.

Na, hast du erraten, was du in diesem Rätsel gewesen bist?

Mitmachgeschichte „Hurra, es schneit"

Übungsanleitung

Es ist Nachmittag und draußen hat es angefangen zu schneien. Also nichts wie ab nach draußen!

Alle Kinder laufen im Raum umher.

Schaut mal, die vielen Schneeflocken! Kommt, wir versuchen sie zu fangen!

Jeder springt hier und da hoch in die Luft und greift mit den Händen nach oben.

Gar nicht so einfach. Aber Spaß macht es trotzdem. Sollen wir die kleinen Schneeflocken mal aufwirbeln? Kommt, wir machen ganz viel Wind!

Alle dürfen sich schnell im Kreis drehen, dabei kräftig pusten, mit den Händen und Armen wedeln.

Wie wäre es denn jetzt mit einer kleinen Schneeballschlacht?

Jeder „greift" in Richtung Boden nach dem Schnee und formt mit den Händen einen Ball.

Achtung, da kommt auch schon der erste Schneeball geflogen! Und da, der nächste!

Alle „formen" sich die Schneebälle und „werfen" diese mit Kraft mal hier und dann mal dorthin.

Schaut mal, da hinten auf dem Hügel spielen viele andere Kinder. Ein paar fahren auf ihren Skiern. Könnt ihr das auch?

Jeder geht leicht in die Hocke und federt mit den Knien leicht auf und ab.

Na, das klappt ja toll. Wie wäre es nun mit einer kleinen Rutschpartie den Berg hinunter? Das macht vielleicht Spaß!

Jeder legt sich der Länge nach auf den Boden und darf auf diese Weise von der einen Wand zur anderen im Raum kullern und sich drehen.

Puh, nun sind alle ganz schön außer Atem. Sucht euch nun mal einen Platz im Schnee, wo ihr es euch gemütlich macht.

Jeder sucht sich einen Platz, dazu sollten sich die Kinder möglichst gleichmäßig im Raum verteilen. Liegen sie zu dicht nebeneinander, entsteht schnell Unruhe.

So liegt ihr prima. Habt ihr Lust auf einen Schneeengel? Dann bewegt mal die Arme und Beine wie ein Hampelmann. Ah, wunderbar macht ihr das. Lauter schöne Schneeengel kann ich vor mir sehen.

Die Kinder bewegen die Arme wie ein Hampelmann seitlich nach oben und unten. Auch die Beine werden wie bei einem Hampelmann bewegt.

Und jetzt spürt ihr, dass ihr ganz ruhig und entspannt seid. Die Augen fallen euch zu. Ganz ruhig und entspannt liegt ihr da.

Die Kinder hören auf sich zu bewegen, schließen die Augen und hören in sich.

Die Arme und Beine sind schwer… Ganz schwer fühlen sich die Arme und Beine an vom vielen Spielen und Toben im Schnee… Und obwohl es Winter

ist, scheint die Sonne heute hell und warm. Die Strahlen wärmen dich. Beide Arme und Beine sind wohlig warm... Und du fühlst dich rundum warm und geborgen. Dein Atem geht ruhig und regelmäßig... Lass deinen Atem einfach fließen... Dein Atem lässt die Schneeflocken ganz leicht tanzen. Sie wiegen sich hin und her, völlig ruhig und regelmäßig, immer wenn du ausatmest... Wie schön das aussieht.

Doch nun ist es langsam an der Zeit nach Hause zu gehen. Ihr dürft euch kräftig recken und strecken und ganz tief ein- und ausatmen. Und nun ballt ihr die Hände zu festen Fäusten.

Tipp:
Verteilen Sie im Raum einige weiße Luftballons, dann wird diese Mitmachgeschichte noch lebendiger. Denn diese lassen sich als „echte" Schneeflocken einsetzen, die der Geschichte noch mehr Ausdruck verleihen.

Wenn die Kinder eigene Ideen haben, was man an dem Nachmittag im Schnee so alles machen kann, greifen Sie diese Anregungen auf und setzen Sie sie gemeinsam um. Je mehr die Kinder die Geschichte selbst durchleben, desto intensiver ist die Wirkung.

Massage „Wenn der Schnee vom Himmel fällt"

Material
Eine Matte oder Decke pro Spielpaar

Übungsanleitung
Stell dir vor, es ist ein schöner Tag im Winter. Du hast dir warme Sachen angezogen, Mütze, Schal und Handschuhe, und dann flitzt du nach draußen.

Du spürst, wie dir ein paar Schneeflocken auf den Rücken fallen.

Mit den Fingerspitzen wird leicht hier und da auf den Rücken geklopft.

Ach, das fühlt sich gut an! Vor allen Dingen, wenn ganz viele Schneeflocken auf deinen Rücken fallen.

Mit den Fingerspitzen wird nun etwas fester getrommelt und der gesamte Rücken von den Schultern beginnend nach unten durchgeklopft.

Der Schnee, der die Erde bedeckt, glitzert silbern. Wenn du näher hinschaust, kannst du sogar einzelne Eiskristalle erkennen, die wie zauberhafte Sterne aussehen.

Mit dem Zeigefinger darf jeder nun verschiedene Eissterne auf den Rücken malen: einen riesig großen Eisstern, der den ganzen Rücken bedeckt, oder verschiedene kleine. Der Fantasie sind keine Grenzen gesetzt. Aber die „Fingermalerei" sollte ruhig vonstattengehen, so dass die Kinder, die massiert werden, dabei entspannen und sich vorstellen können, wie genau die Eiskristalle ausschauen.

Dir wird dabei ganz warm ums Herz und du bist rundum glücklich, dass es so ein schöner Winter ist. So fährst du mit deiner Hand vorsichtig über die weiße Schneedecke, die die Wiese und Blumen bedeckt, wie ein warmer Pelz.

Mit den offenen, flachen Händen wird mit sanftem Druck über den gesamten Rücken gefahren und gestreichelt.

Schau mal dort drüben, da fahren einige Kinder Schlitten! Erst stapfen sie durch den Schnee den Berg hinauf.

Mit den lockeren Fäusten wird der Rücken von unten nach oben zu den Schultern durchgeklopft.

Und sind sie schließlich oben angekommen, dann geht es, hui, den Berg hinab.

Beide Hände werden an die Schultern gelegt und dann mit etwas Druck in Richtung Po nach unten gezogen.

Und schon wieder ziehen alle ihre Schlitten nach oben – immer höher hinauf, bis sie oben angekommen sind.

Mit den lockeren Fäusten wird der Rücken von unten nach oben zu den Schultern durchgeklopft.

Nun geht es nochmals bergab mit viel Schwung.

Beide Hände werden an die Schultern gelegt und dann mit etwas Druck in Richtung Po nach unten gezogen.

Ach, Schlittenfahren macht Spaß! Doch nun neigt sich der Nachmittag bereits dem Ende zu. Es ist Zeit nach Hause zu gehen.

Mit den offenen, flachen Händen wird der Rücken beklopft und auf diese Weise der Nachhauseweg dargestellt. Hierbei sollte der gesamte Rücken einbezogen werden. Besonders angenehm ist das Klopfen im Schulterbereich.

Als du zu Hause angekommen bist, wartet in der Küche schon ein warmer Kakao auf dich. Du kuschelst dich in eine warme Decke, trinkst den Kakao und genießt die wohltuende Wärme um dich herum.

Beide Handinnenflächen werden schnell und kraftvoll aneinander gerieben. Die erwärmten Hände werden schließlich auf den Rücken des Kindes gelegt, so dass es die Wärme spüren kann. Lässt die Wärme nach, kann der Vorgang wiederholt und so an verschiedenen Stellen des Rückens durchgeführt werden.

Du bist nun ganz ruhig und entspannt. Du schließt die Augen und träumst von dem Nachmittag im Schnee.

Geben Sie den Kindern, die massiert wurden, eine Minute (oder auch etwas mehr), um die Entspannung zu genießen. Im Anschluss wird dann gewechselt und die anderen Kinder dürfen massiert werden.

Tipp:
Generell versuche ich alle Übungen und so auch die Massagen und Streichelspiele so einfach zu gestalten, dass sie möglichst ohne Zusatzmaterial auskommen. Denn so ist es für Sie einfach, diese auch spontan und ohne große Vorbereitung oder gar teure Anschaffungen im Vorfeld durchzuführen. Das ist gerade bei der Arbeit mit Kindern wichtig. Denn ist der Aufwand vorab zu groß, beginnt man schnell das Geplante vor sich herzuschieben. Das heißt aber nicht, dass Sie die hier

> aufgeführten Spielideen und Übungen nicht hier und da ausschmücken und erweitern können. Das hat den Vorteil, dass Sie ein und dieselbe Übung immer wieder durchführen können, sie aber nicht langweilig wird, weil sie immer einen neuen Anreiz bietet und Ideen bereithält.

Seien Sie kreativ und schmücken diese Massage durch eigene, fantasievolle Ideen aus. Dies könnten Sie durch folgende Ergänzungen tun:

- Beispielsweise könnten Sie auch Tennisbälle einsetzen, die die Kinder zum Massieren auf dem Rücken des anderen so umherrollen, als würden sie einen Schneeball für die Schneeballschlacht oder einen Schneemann rollen.
- Mit einem Tuch können Sie über den Rücken des massierten Kindes streichen und eine Schneewehe darstellen.
- Mit Plätzchenausstechern in Sternform können Sie Schneekristalle auf den Rücken „fallen" lassen und leicht drücken.
- Mit einem weichen Wattebausch können Sie auf die Hände/Arme fallende Schneeflocken darstellen.

Fantasiereise „Ein wunderschöner Tag im Schnee"

Stell dir vor, es ist Nachmittag. Du stehst am Fenster und schaust nach draußen. Da plötzlich entdeckst du eine kleine Schneeflocke, die vom Himmel fällt. Und dort, noch eine! Immer mehr Schneeflocken fallen vom winterlichen Himmel. Wie schön es aussieht, wenn die weißen Flocken sich vergnügt drehen und durch die Lüfte schweben.

Du spürst mit einem Mal, wie ruhig und entspannt du bist… Wie angenehm ruhig und still es plötzlich ist… Als würden all die vielen Schneeflocken ganz viel Ruhe mit sich bringen und die Zeit würde stillstehen… Du genießt den Augenblick in vollen Zügen.

Dann schnappst du dir eine Winterjacke, Schal, Mütze und die warmen Handschuhe. Und ab geht es nach draußen! Warm eingekuschelt in die Wintersachen gehst du fröhlich pfeifend aus dem Haus. Hinten im Garten hat der Schnee schon die Wiese zugedeckt. Auch auf den hohen Tannenbäumen am hinteren Ende des Gartens liegt der Schnee. Alles ist wie in einen winterlichen Pelz gehüllt – hurra, der Winter ist da!

An dem kleinen Apfelbaum, der im Garten steht, hängt ein Vogelhäuschen. Ein Vogelpärchen hockt darin und pfeift vergnügt. Offenbar wollen sie dir für die Sonnenblumenkerne und die Körner danken, die du in das kleine Holzhäuschen gestreut hast. Die zwei scheinen es sich dort ganz gemütlich gemacht zu haben.

Da hörst du, wie dein Name gerufen wird und schaust dich suchend um… Ah, dort am Gartenzaun steht dein bester Freund/deine beste Freundin und kommt dich besuchen. Du öffnest das Gartentor und freust dich über den Besuch.

Ob wohl schon genug Schnee gefallen ist, damit man einen Schneemann bauen kann? Bestimmt! So macht ihr zwei euch ans Werk und rollt die erste Kugel für den dicken Schneemann. Puh, die Kugel ist ganz schön groß. Prima rund ist die geworden. Mit vereinten Kräften rollt ihr die Kugel unter den Apfelbaum.

Als nächstes kommt der Schneemannbauch. Geschickt formst du einen kleinen Schneeball und rollst ihn durch die schneebedeckte Landschaft. Kugelrund ist der Ball nun – perfekt für einen richtigen Schneemannbauch. Gemeinsam hebt ihr die zweite Kugel auf die andere, die schon unter dem Apfelbaum steht. Puh, ganz schön schwer. Aber ihr schafft das, und schwupp… sitzt die Kugel fest auf der anderen.

Nun fehlt noch der Kopf. Zusammen formt ihr einen Schneemannkopf und setzt ihn als dritte Kugel oben auf den Schneemann drauf.

Jetzt merkst du ganz deutlich, wie schwer deine Arme und Beine vom Schneemannbauen geworden sind… Beide Arme und Beine sind schwer, ganz schwer… Du kannst die Schwere in deinen Armen und Beinen ganz deutlich spüren. Es ist eine angenehme Schwere in deinem Körper, ganz wohltuend…

Immer noch fallen viele Schneeflocken vom Himmel. Eine fällt dir genau auf die Nase und kitzelt dich übermütig. Ach ja, da fällt dir etwas ein! Der

Schneemann braucht ja noch ein Gesicht! Ihr macht euch auf die Suche nach etwas, woraus ihr Augen, Nase und Mund für den Schneemann basteln könnt.

Im Vorgarten findet ihr ein paar Kastanien, die von einem Herbstspaziergang übrig geblieben sind. Die sind zwar schon etwas verschrumpelt, aber für den Schneemann gerade richtig. Im Schuppen findet ihr in einer Kiste noch Tannenzapfen und ein paar runde Steine. Sogar ein Heuballen liegt in dem Schuppen. Mit dem Heu kann man dem Schneemann ein paar lustige Haarzotteln machen, damit er am Kopf nicht friert.

So bekommt der Schneemann eine lange Nase aus dem Tannenzapfen. Zwei runde Steine sind die Augen. Mit den kleinen Kastanien steckt ihr einen lachenden Mund ins Schneemanngesicht und mit den größeren Kastanien bekommt er noch ein paar Knöpfe an seinen Bauch. Etwas von dem Heu auf den Kopf, so dass der Schneemann eine lustige Frisur bekommt, ganz winterfest... Zu guter Letzt findet Ihr im Gartenschuppen noch einen Hut und Opas grauen Kittel. Den bekommt der Schneemann um, damit er es schön warm hat. Hut und Kittel passen wie angegossen, toll!

Nicht nur dem Schneemann ist nun wunderbar warm. Auch du spürst eine angenehme Wärme in dir... Besonders gut kannst du die Wärme in deinen Armen und Beinen spüren... Beide Arme und Beine sind warm, wunderbar warm... Die Wärme tut gut und du merkst, dass es dir auch ganz warm ums Herz wird, weil heute so ein schöner Tag ist.

Nun steckt ihr dem weißen Kerl noch einen Tannenzweig in den rechten Arm. Das sieht aus wie ein winterlicher Blumenstrauß. Der Schneemann ist rundum gut gelungen und sicher der lustigste Schneemann der ganzen Nachbarschaft! Die Idee mit dem Heu als Haarpracht ist wirklich gut. So etwas hat schließlich nicht jeder Schneemann.

Langsam wird es Abend. Dein Freund/deine Freundin verabschiedet sich von dir. Auch für dich ist es nun Zeit, nach drinnen zu gehen. Als du nach dem Abendessen in dein Zimmer gehst und dich zum Schlafen fertig machst, gehst du nochmal an dein Fenster und schaust in den Garten. Da steht dein Schneemann unter dem Apfelbaum und winkt dir zu. Das Vogelpärchen sitzt ein Stück darüber im Vogelhaus und leistet dem Schneemann Gesellschaft. Ganz leise und sanft weht der Abendwind durch den Apfelbaum und die Spitzen der schneebedeckten Tannen. Ganz ruhig und sacht werden sie dabei hin- und hergewiegt, ganz ruhig und regelmäßig... Genau so ruhig und regelmäßig geht dein Atem... Dein Atem geht ruhig und regelmäßig... Lass deinen Atem einfach fließen, völlig ruhig und gleichmäßig...

Der Schneemann schickt dir einen winterlichen Abendgruß und dann schlüpfst du gut gelaunt ins Bett hinein. War das ein schöner Tag im Schnee! Wie schön ist doch der Winter!

> ▶ **Hinweis:** Bitte lassen Sie die Fantasiereise im Anschluss von den Kindern durch das Zurücknehmen beenden. Dabei atmen sie tief ein und aus, ballen die Hände zu festen Fäusten, recken und strecken sich. Das bringt Körper und Kreislauf wieder in Schwung und signalisiert auf wirkungsvolle Art und Weise, dass die Entspannungsphase beendet ist.

Weiterführende Spielideen

„Viele weiße Eiskristalle"

Material

Durchsichtige Deckel von Joghurtbechern, Käse o. Ä., Nylongarn, eine Nadel, Klebestift, weißes Papier, Watte, kleine Streusterne, Eiskristalle, Glitzer zum Streuen o. Ä.

So geht's

Wenn Weihnachten vorbei ist und das neue Jahr beginnt, sind plötzlich die Fenster und Räume recht kahl, wenn der ganze Weihnachtsschmuck verschwunden ist. Da sind Ideen gefragt, wie man die Fenster winterlich verschönern kann. Eine nette Idee sind Eiskristalle, die wie Schnee mit seinen unterschiedlichen Flocken ganz verschieden sind. Dazu braucht man allerhand durchsichtige Plastikdeckel. Diese kann man mithilfe des Klebestifts mit Watte, Pailletten, Sternchen etc. bekleben. Wer einen Motivlocher hat, kann auch damit kostengünstig kleine Sternchen oder Eiskristalle aus weißem oder silbernem Papier stanzen und aufkleben. Diese Deckel versieht man mithilfe der Nadel mit einem Loch zum Aufhängen, zieht das Nylongarn durch und hängt diese am Fenster auf. Durch die aufsteigende Luft/Wärme der Heizung drehen sich diese Eiskristalle, glitzern im Licht und sind ein wirklich netter Blickfang.

Tipp:
Der winterlichen Fantasie sind hierbei keine Grenzen gesetzt. Wer mag, kann auch aus Watte und Nylongarn kleine Schneeflockenketten aufziehen und diese dazwischenhängen. Aus mehreren weißen Sternen/Eiskristallen kann man ebenfalls längere Dekoketten basteln und diese mit ans Fenster hängen. Weiße, dünne Kreppapierstreifen passen auch zum Winter. Kleine, silberne Glöckchen, die bei Luftzug einen zarten Klang abgeben, können das Ganze noch winterlicher machen.

„Schneebilder"

Material

Weiße Kerzen oder Kerzenreste (ersatzweise gehen auch weiße Wachsmalstifte), pro Kind ein Blatt Papier, Pinsel, Wasser und blaue Wasserfarbe, Zeitungspapier als Unterlage

So geht's

Der Winter ist so schön. Und diese Schneebilder sind es auch. Dazu können die Kinder mit den Kerzenresten einfach einen Schneemann, Schneeflocken oder etwas anderes Winterliches malen. Im Anschluss darf jeder mit reichlich (!) Wasser und etwas blauer Farbe das gesamte Blatt bemalen und trocknen lassen. Von dem Wachs perlt die Farbe ab und heraus kommen die schönsten Winterzauberbilder!

Tipp:
Lassen Sie die Kinder etwas größere Motive malen. Denn das helle Wachs ist auf dem weißen Papier nicht ganz so gut zu sehen. Wenn man etwas schräg auf das Blatt schaut, sieht man die Wachsspuren am Besten. Vielleicht haben die Kinder ja Lust, einfach ein zauberhaftes Eiskristall zu malen.

„Hurra, es schneit"

Material

Tafelkreide, ein Blatt blaues oder schwarzes Tonpapier in DIN A4

So geht's

Kinder lieben es, wenn es schneit. Aber Schnee zu malen ist gar nicht so leicht. Richtig tolle Schneebilder kann man mit Kreide auf dunkles Tonpapier malen. Dann wird alles herrlich weiß, als ob es richtig geschneit hätte.

Tipp:
Beim Malen heißt es aufgepasst, denn die Kreide verwischt leider recht leicht. Alternativ könnten die Kinder mit weißer Ölkreide oder Deckweiß malen. Wer das Ganze zusätzlich aufpeppen möchte, kann auf dem Papier mithilfe von Watte, weißem Seidenpapier etc. auch eine winterliche Collage basteln.

„Schneeflocken-Pusten"

Material

Pro Kind ein weißer, kleiner Wattebausch

So geht's

Leider schneit es nicht immer. Aber wir können etwas nachhelfen und es auch mal drinnen „schneien" lassen. Und zwar mithilfe von vielen kleinen Schneeflocken aus Watte. Mit denen kann man übrigens gut spielen und allerhand tolle Atemübungen ausprobieren. Zum Beispiel das Schneeflocken-Puste-Spiel.

Jedes Kind legt sich dazu seine Schneeflocke in die offene Hand. Nun holen alle Kinder tief Luft und versuchen, ihre Schneeflocke möglichst hoch in die Luft zu werfen. Wer schafft es am Höchsten und hat den längsten Atem? Schaffen es alle, ihre Schneeflocken auch wieder aufzufangen?

Spielvariante

Immer zwei Kinder spielen zusammen. Ein Kind hält seine Schneeflocke hoch und muss diese so geschickt zu dem gegenüberstehenden Mitspieler pusten, das dieser sie mit der Hand (oder einem leeren Joghurtbecher) auffangen kann.

Tipp:
Lassen Sie die Kinder mit den „Schneeflocken" experimentieren. Sicherlich entstehen dabei allerhand weitere Schneeflocken-Spiele. Man kann z. B. einen Schneeflockenparcours gestalten, durch den jeder seine Schneeflocke geschickt pustend hindurch treiben muss. Oder man lässt eine Schneeflocke im Kreis wandern, indem jeder Mitspieler die Flocke zum Nächsten pustet.

„Spürst du die Schneeflocke?"

Material

Ein Wattebausch pro Spielpaar

So geht's

Ein Kind legt sich auf den Boden und schließt die Augen. Leichter fällt es den Kindern meist, wenn sie sich dazu auf den Bauch legen und den Kopf auf die verschränkten Arme betten können, aber es klappt auch auf dem Rücken liegend. Liegen alle bequem und haben die Augen geschlossen? Dann kann es losgehen!

Das andere Kind darf nun die Schneeflocke (Wattebausch) auf das liegende Kind rieseln lassen. Das liegende Kind sollte nun versuchen zu spüren, an welcher Körperstelle die Schneeflocke gelandet ist. Hat das Kind die richtige Stelle erraten, wird gewechselt.

Tipp:
Dieses ist eine tolle Stillübung, gerade auch für kleine Zappelkinder. Sie sollten nur darauf achten, dass die Kinder nicht zu dicke Sachen anhaben, damit man die Watte auch wirklich spüren kann.

„Schneeflocke, ich kann dich fühlen"

Material

Eventuell eine Decke sowie ein kleines Kissen pro Spielpaar

So geht's

Ein Kind legt sich der Länge nach auf die Decke und bettet seinen Kopf auf das Kissen. Das andere Kind hockt sich daneben. Sobald das liegende Kind seine Augen geschlossen hat, darf das sitzende Kind mit seinen Fingern eine Schneeflocke darstellen. Es klopft oder malt damit leicht auf den Bauch des liegenden Kindes, und zwar so, dass es sich allmählich der Bauchmitte nähert. Das liegende Kind passt gut auf und spürt nach. Wenn die Finger die Bauchmitte erreicht haben, darf es leise „Stopp" rufen.

Im Anschluss wird gewechselt.

Tipp:
Ein tolles Ruhespiel, das die Aufmerksamkeit sowie die Sinne der Kinder fördert. Sie können den Schwierigkeitsgrad dieses Spiels natürlich beliebig verändern. Beginnt das massierende Kind seitlich und tupft mit den Fingern Stück für Stück in Richtung Bauchmitte, ist dies deutlich einfacher, als wenn es immer an einer anderen Stelle des Bauches tupft und sich so der Bauchmitte nähert.

„Leise rieselt der Schnee"

Material

Pro Kind ein leeres Marmeladenglas mit Schraubverschluss, Wasser, ggf. blaue Lebensmittelfarbe, weiße, kleine Dekorschneeflocken, Pailletten, Glitzer o. Ä.

So geht's

Schüttelgläser sind bei Kindern der Hit und recht einfach und kostengünstig nachgemacht. Dazu füllt man etwa einen Esslöffel voll Glitzer, Pailletten und Streumaterial in das leere Glas und gibt einen Tropfen blaue Lebensmittelfarbe hinzu. Die Farbe ist aber nicht zwingend notwendig, auch ohne Farbe sehen die Gläser hübsch aus. Man füllt das Glas mit Wasser und schraubt den Deckel fest darauf. Nun kann man das Glas schütteln und los fegt der Schneesturm, bis sich die Wogen schließlich glätten und der „Schnee" ganz leise rieselt.

Tipp:
Setzen Sie dieses Schüttelglas gezielt als Stilleübung ein: Alle schütteln ihr Glas, stellen es vor sich und beobachten still und aufmerksam den rieselnden Schnee, bis sich im Glas nichts mehr bewegt. Dann erst darf wieder gesprochen werden. Auch bei zappeligen Kindern oft ein wahres Wundermittel!

Februar

Entspannungsrätsel „Karneval"

Schließe nun deine Augen. Stell dir einfach mal vor, das neue Jahr hat gerade begonnen. Es ist Zeit, ein tolles Fest zu feiern. Bei diesem Fest verkleiden sich alle Leute. Egal ob sie klein sind oder groß. Sie ziehen sich schöne Kostüme an, schminken ihre Gesichter... Und das Beste daran ist, dass alle Menschen fröhlich und ausgelassen sind. Sie tanzen vergnügt, lachen und freuen sich... Das Schönste an diesem Fest ist der Umzug, der immer an einem Montag stattfindet. Die verkleideten Leute stehen dann gemeinsam am Straßenrand und bewundern die lustigen Wagen, auf denen Clowns und Narren durch die Stadt fahren und Süßigkeiten und kleines Spielzeug werfen. Alle, die am Straßenrand stehen, fangen die kleinen Überraschungen auf. Es macht riesigen Spaß.

Weißt du nun, welches Fest in diesem Rätsel gemeint ist?

Mitmachgeschichte „Im Karneval, da ist was los"

Material

Bunte, weiche Bälle oder aufgeblasene Luftballons

Übungsanleitung

Heute ist Montag, ein ganz besonderer Montag. Den Namen habt ihr sicher schon einmal gehört: Rosenmontag. Und weil dies ein ganz besonderer Montag ist, verkleiden wir uns. Zieht eure Kostüme über.

Alle ziehen „pantomimisch" ihre Kleidung über.

Fertig? Dann nichts wie raus. Fröhlich springen wir die Treppe im Flur herunter.

Gemeinsam hüpfen und springen alle von der einen Raumseite auf die andere.

Draußen angekommen, sehen wir schon allerhand Karnevalsnarren die Straßen entlang ziehen. Dein Freund/deine Freundin ist auch dabei. Ihr winkt euch fröhlich zu.

Die Kinder winken sich gegenseitig zu.

Als ihr euch endlich durch die lustige Karnevalsmenge gedrängt habt, begrüßt ihr euch herzlich.

Die Kinder können sich die Hände schütteln, einen Begrüßungskuss auf die Wange hauchen, in den Arm nehmen, u. a.

Hand in Hand lauft ihr vergnügt die Straße entlang zum Karnevalsumzug in der Hauptstraße.

Die Kinder dürfen sich zu zweit oder auch zu mehreren an die Hand nehmen und in mäßigem Tempo zusammen durch den Raum laufen. Vorzugsweise laufen alle in die gleiche Kreisrichtung, damit es keinen Zusammenstoß gibt.

Schaut mal da vorne! Da ist schon der Karnevalsumzug. Stellt euch an den Straßenrand, damit ihr gut sehen könnt.

Am besten teilen Sie hierfür die Kinder auf. Ein kleiner Teil der Mitspieler bekommt die kleinen Bälle /Luftballons und darf damit den Rosenmontagsumzug spielen. Die restlichen Kinder stellen sich einander gegenüber und bilden auf diese Weise eine „Gasse", durch die die Karnevalisten ziehen können, um mit Süßigkeiten zu werfen.

Als der erste bunte Wagen sich nähert, sind alle außer Rand und Band. Laut rufen alle Kinder durcheinander und recken sich nach den Süßigkeiten. Wer schafft es, etwas zu fangen?

Die Kinder, die den Karnevalszug spielen, setzen sich in Bewegung und werfen in hohem Bogen die bunten „Bonbons" bzw. Bälle/Ballons nach rechts und links. Alle anderen Spieler, die am Rand stehen, fangen diese auf und freuen sich.

Tipp:
Damit alle Kinder gleichermaßen zum Zuge kommen, sollten sich die Kinder, die den Karnevalszug spielen, am Schluss der Reihe einfach rechts und links mit an den Rand stellen. Und die Kinder, die ganz oben am Rand stehen, gehen nun als Karnevalszug los. So bleibt diese Mitmachgeschichte im Fluss und alle kommen an die Reihe.

Wenn Sie möchten, können Sie diese Bewegungsgeschichte auch mit lustiger Karnevalsmusik untermalen. Jedoch sollten Sie in dem Fall darauf achten, dass diese instrumental ist, damit die Kinder Ihrer Anleitung folgen können.

Massage „Kunterbunte Clownsgesichter"

Übungsanleitung

Bitte geht immer zu zweit zusammen. Wenn ihr einen Spielpartner gefunden habt, setzt euch am besten gegenüber. Einer von euch spielt nun einen Clown. Allerdings muss er erst noch geschminkt werden. Deshalb ist euer Mitspieler da. Der darf euch nun zu einem richtigen Clown schminken, mit allem was dazugehört. Der Clown hört bitte einen Moment in sich hinein, ob er eine Weile so sitzen kann. Wenn ihn nichts mehr stört, geht es los. Alle Clowns schließen bitte ihre Augen und die Mitspieler dürfen beginnen, aus dem Partner einen richtig tollen Clown zu machen.

Dazu nehmen die Spieler einfach ihren Zeigefinger und nutzen diesen als weichen „Pinsel", mit dem sie auf das Gesicht des Clownspielers nun nach und nach bunte Farbe auftragen.

Tipp:

Sind die Kinder noch unerfahren, was Massagen angeht? Dann geben Sie ihnen während der Massage weitere, detaillierte Angaben: Die Augenbrauen werden angemalt, die Stirn und Schläfen, die Nase wird leuchtend rot, die Augenlider weiß, der Mund knallrot und breit lächelnd, die Wangen rosig, ...

Sollten die Kinder sich gut kennen, die Gruppe harmonieren und alle bereits Vorerfahrungen mit Massagen haben, können Sie diese Massage auch im Liegen durchführen. Dann ist es für diejenigen, die massiert werden, noch entspannender. In dem Fall bräuchten Sie pro Spielpaar eine Decke oder Matte sowie ein kleines Kissen für diejenigen, die liegen.

Fantasiereise „Ein bunter Tag im Karneval"

Leg dich nun ganz entspannt hin und schließe deine Augen. Höre einen Moment tief in dich hinein und schau, ob du wirklich ganz bequem liegst und dich wohlfühlst.

Wenn dich nichts mehr stört, stell dir vor, es ist Montag. Ein ganz besonderer Montag, auf den du dich schon das ganze Jahr gefreut hast, nämlich der Rosenmontag. Du stehst vor deiner Verkleidungskiste und überlegst, welches Kostüm du am besten anziehst.

Als du dich entschieden hast, ziehst du die Sachen über. Sie passen prima und stehen dir einfach ausgezeichnet. Jetzt fehlt nur noch die Schminke. Du stellst dich vor den großen Spiegel im Badezimmer und trägst vorsichtig die Schminke auf. Es sieht einfach toll aus und du selbst bist fast gar nicht mehr zu erkennen. Wunderbar – genau wie es an Karneval sein muss.

Vergnügt schulterst du deinen Rucksack und machst dich auf den Weg in die Stadt. Denn dort findet heute der große Rosenmontagszug statt. Den darfst du auf gar keinen Fall verpassen.

Für Februar ist es wunderbar warm. Der Himmel ist ohne Wolken und strahlt in seinem herrlichen Blau heute geradezu mit der warmen Sonne um die Wette.

Während du fröhlich durch die Gassen und Straßen schlenderst, begegnest du vielen anderen Leuten. Auch sie sind verkleidet, genau wie du. Alle grüßen freundlich, winken dir zu und ein dicker, bunter Clown zieht seinen lustigen Hut zum Gruße.

Das ist das Tolle an Karneval: Alle sind so vergnügt und ausgelassen, haben gute Laune und freuen sich. Du genießt die gute Stimmung, die auch dich noch fröhlicher macht.

In der Stadtmitte angekommen, siehst du unzählige Karnevalsnarren kunterbunt und verkleidet am Straßenrand stehen. Es sieht so lustig aus, die bunten Clowns, mit ihren witzigen Fratzen, geschminkten Gesichtern und in den prächtigen Kostümen, die im Licht der Sonne leuchten wie ein Regenbogen.

Als der Rosenmontagszug mit Musik durch die Straßen rollt, hält dich nichts mehr. Du jubelst mit der Menge, reckst deine Arme, um ein paar Bonbons zu fangen. Auf einem großen Wagen, der wie eine Insel aussieht, stehen Piraten. Und mitten auf dem Wagen entdeckst du eine Schatztruhe, die bis oben hin gefüllt ist mit goldenen Talern. Die Piraten werfen die Goldtaler in die Menge am Straßenrand. Alle wollen die glänzenden Goldstücke fangen. Du hast Glück und hast sofort einen Taler fangen können. Glücklich steckst du ihn in die Hosentasche deines Kostüms.

Da wandert eine Gruppe von Zauberern durch die Straße. Ein großer Zauberer mit einem riesigen Zylinder zaubert doch tatsächlich ein weißes Kaninchen aus seinem Hut. Alle Leute am Straßenrand klatschen Beifall. Ein kleiner Zauberer mit einem dunkelblauen Mantel, auf dem kleine Sterne funkeln, lässt im Handumdrehen aus der Spitze seines Zauberstabs allerhand Traubenzuckerherzen regnen. Du kommst aus dem Staunen gar nicht mehr heraus.

Als der letzte bunte Wagen des Karnevalsumzugs durch die Straße rollt, machst du dich glücklich und zufrieden auf den Heimweg.

Zu Hause angekommen, schlüpfst du aus deinem Kostüm, packst es wieder in die Verkleidungskiste und schminkst dich ab. Dann legst du dich einen Moment auf dein Bett.

Ganz ruhig und entspannt liegst du da... Du genießt nach dem heiteren Treiben in der Stadt die wunderbare Ruhe und Stille um dich herum... In deinen Armen und Beinen spürst du eine wohltuende Schwere... Das viele Laufen und das Fangen der Süßigkeiten war doch recht anstrengend. Beide Arme und Beine sind schwer... Ganz schwer fühlen sich deine Arme und Beine nun an... Ja, dein ganzer Körper liegt schwer und entspannt da...

Du musst an die Sonne denken, die heute so toll geschienen hat. Dabei nimmst du die angenehme Wärme in Armen und Beinen wahr... Beide Arme und Beine sind warm... So warm, als würde die Sonne darauf scheinen... Du kannst dabei richtig spüren, wie die Wärme durch deine Arme und Beine hindurchströmt und alles wunderbar wärmt... Du genießt die Wärme, denn sie schenkt dir neue Kraft und Energie...

Dein Atem geht ruhig und regelmäßig... Dein Bauch hebt und senkt sich dabei immer im selben ruhigen Rhythmus... Lass deinen Atem einfach fließen, ruhig und regelmäßig... Ganz ruhig und gleichmäßig fließt der Atem tief in dir... Das lässt dich noch tiefer entspannen... Vollkommen ruhig und entspannt bist du nun...

Nach einer Weile stehst du auf. Du fühlst dich rundum gut erholt und wieder voller Kraft.

▶ **Hinweis:** Bitte vergessen Sie im Anschluss nicht, die Geschichte durch das Zurücknehmen zu beenden.

Weiterführende Spielideen

„Dreh dich und tanze kleiner Clown"

Material

Lustige, instrumentale Tanzmusik sowie einen Kassettenrekorder/CD-Spieler

So geht's

Sobald die Musik eingespielt wird, dürfen alle zu kleinen, lustigen Clowns werden und vergnügt zur Musik umhertanzen. Das Tanzen ist nicht nur eine wunderbare Möglichkeit, dem kindlichen Bewegungsdrang gerecht zu werden, sondern macht zudem Spaß und gute Laune.

„Fröhliche Kullerei"

Material

Ein Deckel vom Schuhkarton, Murmeln in verschiedenen Größen, Pinsel, Wasserfarben und Papier

So geht's

Lustige Kullerbilder passen wunderbar in die Karnevalszeit! Vor allen Dingen machen sie großen Spaß und sind so einfach, dass auch schon die jüngsten Kinder problemlos mitmachen können.

Die Murmeln werden mit bunter Wasserfarbe angemalt und im Anschluss in den Deckel des Schuhkartons gelegt, in dem ein Blatt Papier liegt. Nun bewegen die Kinder den Deckel hin und her, so dass die Kugel dadurch kreuz und quer kullert und dabei Spuren hinterlässt.

> **Tipp:**
> Möchten Sie lieber mit allen Kindern ein Gemeinschaftsbild gestalten? Schneiden Sie einfach aus einem großen Stück Tonpapier oder Tonkarton einen Kreis aus. Alle Kinder sitzen um diesen Papierkreis und können von ihren Plätzen aus die bemalten Kugeln auf die Reise zum nächsten Mitspieler schicken. In dem Fall könnte jedes Kind eine eigene Farbe vor sich stehen haben. Auf diese Weise wird es ein richtig kunterbuntes Miteinander!

„Immer im Kreis, mir wird ganz heiß!"

Material

Eine Salatschleuder, Pinsel, Plakafarbe, Papier

So geht's

Ebenfalls ganz außergewöhnliche, aber lustige Bilder kann man mithilfe einer Salatschleuder anfertigen. Auch bei dieser „Maltechnik" ist kein künstlerisches Können nötig. Dazu legt man ein Blatt Papier in die Salatschleuder, tropft oder pinselt mehrere große Farbkleckse darauf und schließt den Deckel. Die Kinder können nun am Griff der Salatschleuder ziehen bzw. das Innere kräftig und schnell drehen. Heraus kommen tolle Überraschungsbilder, mit denen man wunderbar Postkarten, Kalenderblätter o. Ä. gestalten kann.

März

Entspannungsrätsel „Osterglocke"

Stell dir einmal vor, der Frühling hat begonnen. Alles erwacht zum Leben … Auch du wirst wach. Du reckst und streckst deinen grünen Stängel und wächst mit jedem Sonnenstrahl mehr nach oben. Deine glockenartige Blüte leuchtet im warmen Sonnenlicht und ist wunderbar gelb… Wenn du die Gärten und Wiesen schmückst, wissen die Kinder, dass bald Ostern ist.

Hast du erraten, welche Blume du in diesem Rätsel warst?

Mitmachgeschichte
„Wenn der Frühling leise erwacht"

Material

Eventuell pro Kind eine Decke oder größere Tücher/Bettlaken, unter denen mehrere Kinder Platz finden

Übungsanleitung

Alle Kinder suchen sich einen Platz im Raum und legen sich dort der Länge nach hin. Falls Sie die Decken/Tücher einsetzen wollen, werden die Kinder damit bedeckt, so dass nur noch die Köpfe darunter hervorschauen.

Stellt euch vor, ihr wohnt in der Erde. Bis jetzt war es Winter. Die warme Erde hat euch geschützt und auf alle aufgepasst, während die Natur Winterschlaf gehalten hat.

Doch nun scheint die Sonne – die richtig helle, wunderbar warme Frühlingssonne, die groß und rund am Himmel steht und wunderbar leuchtet.

Die Spielleitung geht langsam im Raum umher, reibt die Hände schnell und fest aneinander und legt so nach und nach jedem Kind die gewärmten Hände auf die Schultern.

Ihr könnt die warmen Sonnenstrahlen wunderbar spüren und merkt, wie dadurch auch in euch und um euch herum alles zum Leben erwacht.

Die Kinder öffnen ihre Augen, atmen tief ein und aus. Dann recken und strecken sich alle ausgiebig.

Wie gut das tut. Und ihr spürt dabei, wie die Sonne euch nicht nur neu zum Leben erweckt, sondern neue Kraft schenkt. Ihr beginnt zu wachsen. Immer mehr, größer und auch höher. Bis ihr die Erde durchbrecht und die Blütenköpfe nach oben in Richtung Sonne streckt.

Alle Spieler rappeln sich auf, recken und strecken sich immer mehr.

Ihr wollt noch höher wachsen, um der warmen Frühlingssonne noch näher zu sein. Unter ihren warmen Strahlen fühlt ihr euch so geborgen. Ihr reckt euch so hoch es geht.

Alle stellen sich auf die Zehenspitzen und versuchen noch größer zu werden.

Da kommt ein warmer Frühlingswind daher. Er säuselt euch leise zu, als wolle er euch wecken und rufen „Hurra, der Frühling ist da!" Ganz sanft streichelt euch der Wind. Er bewegt euch ganz sacht und sanft hin und her.

Die Spielleitung geht von Kind zu Kind und pustet es sachte an, um die Vorstellung des Windes zu verdeutlichen und zu unterstreichen. Dabei bewegen sich die Kinder auf ihrem Platz in ruhigem, gleichmäßigem Tempo von rechts nach links, wie ein sanftes Wiegen.

Wie schön ist es, endlich den blauen Himmel über sich zu haben, die warmen Sonnenstrahlen zu spüren, die gute Frühlingsluft zu riechen.

Alle strecken die Arme lustvoll nach oben, schnuppern, atmen ganz bewusst ein paar Mal tief ein und aus.

Ihr seid ganz stolz und leuchtet nun in den prächtigsten Farben, um auf eure Weise den Frühling anzukündigen.

Tipp:
Falls Sie bunte Chiffontücher haben, können Sie diese vorher an die Kinder verteilen. Diese hält dann jeder anfangs unter der Decke versteckt und kann die Tücher während des Verlaufs dieser Mitmachgeschichte immer mehr hervorziehen.

Haben die Kinder Spaß an dieser Geschichte und möchten Sie diese etwas ausdehnen, blenden Sie zum Ende ruhige, thematisch passende Musik ein. Dann könnten die Kinder diese Geschichte mit einer Art „Frühlingsblütentanz" abschließen und die Bewegung intensivieren.

Massage „Der Frühling macht sich auf den Weg"

Übungsanleitung

Immer zwei Kinder finden sich als Spielpaar für diese Übung zusammen. Ein Kind stellt sich bequem hin und schließt seine Augen. Das andere Kind stellt sich dahinter und kann auf diese Weise die Übungsanleitung von dort umsetzen.

Stell dir vor der Winter neigt sich dem Ende entgegen. Noch ist alles ganz starr um dich herum und wie in einem Winterschlaf. Fest und unbeweglich stehst du da.

Die Kinder, die massieren, fassen die stehenden Kinder von hinten an den Füßen und halten diese ruhig fest.

Doch du spürst, wie der Frost mehr und mehr nachlässt.

Der Griff um die Fußfesseln lässt mehr und mehr nach.

Die Erde um deine Wurzeln wird weich und locker. Du spürst sogleich, wie das Leben in deine Wurzeln zurückkehrt.

Die Füße sowie der untere Beinbereich bis etwa Kniehöhe können nach Belieben massiert, gestreichelt, beklopft und liebevoll warmgerubbelt werden.

Das tut vielleicht gut. Und du merkst, wie mit dem Leben, das der kommende Frühling in dir weckt, nun auch die Lebenskraft und ganz viel neue Energie zu fließen beginnt, die sich mehr und immer mehr in deinem Körper ausbreitet.

Die Kinder massieren die Beine weiterhin Stück für Stück entlang der hinteren Körperseite nach oben: Oberschenkel, Po und Rücken bis zu den Schultern.

Es fühlt sich wunderbar an. Ganz sanft streicht der Frühlingswind durch deine Knospen.

Die massierenden Kinder streichen mit ihren flachen Händen in kreisenden Bewegungen über Schulter und Rückenbereich.

Und während der Wind dich sanft liebkost, merkst du, wie du dich vergnügt von ihm schaukeln lässt.

Mithilfe der massierenden Kinder wiegen sich die stehenden Kinder ganz ruhig und sanft hin und her.

Du bist nun hellwach und freust dich, dass der Frühling begonnen hat und mit ihm alles Leben. Die warme Frühlingssonne mit ihren warmen Sonnenstrahlen schenkt dir neue Kraft.

Die massierenden Kinder reiben ihre Hände schnell aneinander und legen die so erwärmten Handinnenflächen ruhig auf die Schultern der stehenden Kinder.

▶ **Hinweis:** Diese Massage kann durch eigene Ideen sowie Anregungen der Kinder jederzeit ergänzt werden.

Fantasiereise „Hurra, es ist Frühling"

Schließe nun deine Augen.

Fühlst du dich rundherum wohl und nichts stört dich mehr? Dann stell dir vor, es ist Nachmittag. Du schaust aus dem Fenster. Das gute Wetter lockt dich nach draußen. So schlüpfst du in deine Jacke, ziehst dir die Schuhe an und läufst hinaus.

Draußen im Garten ist es einfach herrlich! Den ganzen Winter hast du dir einen Tag wie diesen herbeigesehnt. Endlich ist es Frühling und man kann wieder draußen spielen. Die Wiese ist saftig grün und du springst vergnügt umher, als wolltest du den Frühling auf deine Art willkommen heißen.

Du flitzt zu der großen Schaukel, die du so sehr liebst. Dein Opa hat sie im letzten Jahr für dich gebaut. Die langen Seile sind hoch oben an einem wirklich dicken, starken Ast befestigt. Du setzt sich auf die Schaukel und beginnst vor- und zurückzuschaukeln. Immer höher und höher schaukelst du. Als wolltest du der Sonne näher kommen, um ihre warmen Strahlen besser spüren zu können.

Es ist einfach herrlich hier. Alles um dich herum ist wunderbar ruhig und still… So kannst du das leise Zwitschern der Vögel hören, die offenbar den Frühling auf ihre Art begrüßen und sich freuen… Ihre Lieder sind leise, aber sie haben einen wunderschönen Klang, der dich tief entspannen lässt…

Während du vergnügt schaukelst, siehst du, dass an den Zweigen des Baumes bereits zahlreiche, hellgrüne Blattknospen zu sehen sind. Ihr Anblick

freut dich. Du genießt das zarte Grün um dich herum in eurem Garten und lässt einfach die Seele baumeln. Das tut gut und entspannt auf wunderbare Art und Weise.

Nachdem du genug geschaukelt hast, wanderst du weiter durch den Garten. Hinten neben dem Holzschuppen blühen allerhand bunte Krokusse, die ihre Blütenköpfe ebenfalls der warmen Frühlingssonne entgegenstrecken, als wollten sie etwas Wärme tanken.

Du holst dir ein Springseil aus dem Schuppen und hüpfst vergnügt damit herum. Hopp, hopp und hopp hüpfst du über das Springseil, das du immer wieder im Kreis herumdrehst.

Dabei spürst du die Schwere in deinen Armen und Beinen... Beide Arme und Beine sind schwer, angenehm schwer... Du kannst die Schwere in Armen und Beinen richtig deutlich spüren...

Hier und da auf der Wiese stehen Osterglocken. Ihre gelben Blütenköpfe leuchten selbst wie lauter kleine Sonnen. Wie schön das aussieht! Auch du spürst die warmen Sonnenstrahlen... Besonders deutlich spürst du sie in deinen Armen und Beinen... Beide Arme und Beine sind warm... Wunderbar warm fühlen sich deine Arme und Beine an... Die wohltuende Wärme breitet sich in deinem ganzen Körper aus und schenkt dir neue Kraft...

Während du die Sonne genießt, betrachtest du die Bäume. Noch sind nur zarte Knospen an den Zweigen zu sehen. Aber du bemerkst, wie ein sanfter Wind durch die Baumkronen streicht und diese hin und her wiegt. Es sieht aus, als wollten die grünen Knospen im warmen Licht der Sonne tanzen... Sie bewegen sich hin und her, hin und her, immer im selben ruhigen Rhythmus... Genau so ruhig und regelmäßig fließt dein Atem... Dein Atem geht ruhig und regelmäßig... Vollkommen ruhig und gleichmäßig fließt dein Atem in dir... Das tut richtig gut...

Schließlich gehst du rundum gut erholt und fröhlich ins Haus. Wie schön, dass endlich Frühling ist!

▶ **Hinweis:** Bitte die Übung noch durch das Zurücknehmen beenden.

Weiterführende Spielideen

„Bunte Frühlingswiesen"

Material

Tapetenkleister, Wasser, Krepppapier

So geht's

Der Anblick einer schönen, grünen Frühlingswiese, auf der die ersten bunten Blumen blühen, erfreut Groß und Klein gleichermaßen. Zudem hebt dies nach der dunklen Jahreszeit die Stimmung. Ganz einfach lässt sich mit Krepppapier eine leuchtende Wiese an das Fenster „zaubern".

Mit etwas Wasser rührt man den Tapetenkleister an. Diesen kann man sowieso jederzeit brauchen, wenn man mit Kindern kreativ arbeitet. In einem verschließbaren Behälter lässt sich der Kleister gut eine Zeit lang aufbewahren und er ist eine kostengünstige, kindgerechte Alternative zu anderen handelsüblichen Klebstoffen.

Mithilfe dieses Klebers lässt sich das Krepppapier wirklich gut am Fenster befestigen. Lange, grüne Streifen bilden das saftig grüne Frühlingsgras und mit anderen bunten Farben kann man runde Blüten oder andere fantasievolle Blütenknospen gestalten. Krepppapier, das es in vielen Farben gibt, leuchtet einfach toll. Der einzige Nachteil ist, dass es nass die Hände färbt. Wer empfindlich ist, zieht zum Basteln einfach Einmalhandschuhe über.

„Lange Blumenketten"

Material

Bast, eine Lochzange, Scheren, buntes Tonpapier oder Fotokarton

So geht's

Ob als kürzere Girlanden für das Fenster, die Raumdekoration oder als Türschmuck – bunte Blumenketten lassen sich ganz vielfältig einsetzen und sind ein netter Blickfang.

Mithilfe der Scheren können die Kinder aus dem bunten Papier/Karton allerhand Blüten ausschneiden. Diese sollten in etwa 10 x 10 cm groß sein. Bei jüngeren Kindern schneiden Sie das Tonpapier am besten vorab in der gewünschten Größe zurecht.

Alle ausgeschnittenen Blüten werden in der Mitte mit der Lochzange zweifach gelocht. So lassen sich die bunten Blüten mit dem Bast wunderbar auffädeln und als Blütenketten längst oder auch als Girlande quer anbringen.

Tipp:
Die ausgeschnittenen Blüten können natürlich vor dem Auffädeln auch noch zusätzlich verziert, bemalt oder beklebt werden.

Noch bunter wird es übrigens, wenn Sie zwischen die Papierblüten jeweils Holzperlen fädeln. Wollen Sie außerdem einen Klang erzeugen, fädeln Sie zwischen die Blumen oder an den Enden kleine Glöckchen/Schellen auf.

April

Entspannungsrätsel „Marienkäfer"

Schließe deine Augen. Dann stell dir einmal vor, du bist ein Tier. Ein ganz kleines Tier… Deine Flügel sind leuchtend rot. So rot wie eine saftige Kirsche… Und dein Kopf ist schwarz mit kleinen, zarten Fühlern dran. Rechts und links am Körper hast du dünne, schwarze Beinchen, mit denen du geschwind umher krabbeln kannst… Am liebsten sitzt du auf grünen Blättern und lässt dich von der Sonne wärmen… Die Kinder finden, du bringst ihnen Glück. Es macht ihnen großen Spaß die kleinen schwarzen Punkte auf deinen Flügeln zu zählen.

Na, sicher hast du längst erraten, welches Tier gemeint ist?

Mitmachgeschichte
„Ein kleiner Käfer krabbelt ganz munter"

Übungsanleitung

Stellt dir vor, du bist ein kleiner, roter Marienkäfer. Du hockst ganz gemütlich auf einem grünen Blatt und lässt es dir gut gehen.

Alle Kinder suchen sich einen Platz im Raum und machen es sich dort gemütlich. Wer mag, kann seine Augen dabei schließen.

Rechts und links am Rücken hast du zwei Flügel, die dir beim Fliegen helfen. Da du Lust auf einen kleinen Rundflug hast, bewegst du deine Flügel auf und ab.

Alle hocken sich hin und bewegen ihre Arme auf und ab. Um noch besser zu entspannen, können alle ihre Schultern kräftig in Richtung Ohren ziehen, die Spannung einen Moment halten und wieder locker lassen. Dies kann man ein paar Mal nacheinander wiederholen.

Die Flügel funktionieren einwandfrei. Also nichts wie los. Du holst etwas Schwung und „hui", fliegst du durch die Frühlingsluft.

Mit ausgebreiteten Armen dürfen alle im Raum „umherfliegen".

Während des Fluges bist du sehr aufmerksam. Schließlich sind gerade noch mehr Tiere unterwegs. Geschickt fliegst du deine Kurven und genießt die Freiheit hier oben in der Luft.

Alle Kinder „fliegen" so umher, dass niemand dabei angerempelt oder gestoßen wird.

Das Fliegen macht Spaß. Vor allen Dingen dann, wenn du einen anderen Käfer triffst. Dann hakst du dich bei ihm ein und drehst dich mit ihm im Kreis.

So können sich alle Mitspieler gegenseitig „begrüßen".

Schließlich bist du ganz außer Puste vom vielen Umherfliegen. Du hältst Ausschau nach einer Landegelegenheit.

Alle halten die ausgestreckte Hand vor die Stirn und schauen sich suchend um.

Da, dort drüben ist der ideale Platz zum Ausruhen. Eine wunderschöne Blume mit einem weichen Blütenbett. Du fliegst darauf zu und machst es dir darin so richtig gemütlich.

Alle bekommen einen Moment Zeit, um sich hinzulegen und es sich gemütlich zu machen.

„Ach, wunderbar", denkst du und schließt die Augen. Das tut vielleicht gut. Du bist mit einem Mal ganz ruhig und entspannt. Die Sonne streichelt deine Flügel und die Wärme schenkt dir neue Kraft.

Alle sind ganz ruhig, schließen die Augen und kommen zur Ruhe.

Tipp:
Wenn Sie gleich im Anschluss eine Fantasiereise machen wollen, lassen Sie die Kinder gleich auf den im Raum verteilten Matten oder Decken „landen". So braucht niemand wieder aufzustehen und es entsteht keine Unruhe. So können Sie diese ruhige Phase gleich zum Einstieg in eine längere Entspannung nutzen.

Massage „Kribbel-Krabbel-Käferlein"

Material

Eine Decke oder Matte pro Spielpaar

Übungsanleitung

Die Kinder finden sich zu zweit zusammen. Eines der Kinder legt sich der Länge nach auf den Bauch auf die Matte. Das andere Kind macht es sich etwa in Rückenhöhe daneben bequem, so dass es zum Massieren gut an den gesamten Rücken des liegenden Kindes kommt.

Stell dir vor, auf deinem Rücken bekommst du heute Besuch: vom kleinen Kribbel-Krabbel-Käfer. Der mag Kinder besonders gerne und die Kinder ihn, weil er einfach gut tut.

Gemütlich krabbelt der kleine Käfer in aller Ruhe über den Rücken.

Dazu „klettern" und „krabbeln" die massierenden Kinder mit den Fingern über den gesamten Rücken – mal hier, mal dort, so dass der gesamte Rücken mit einbezogen wird.

Ach, das fühlt sich toll an. Jetzt fliegt der kleine Kribbel-Krabbel-Käfer über deinen Rücken. Genieße den Flugwind.

Mit der flachen Handinnenfläche fahren die massierenden Kinder über den gesamten Rücken der liegenden Kinder.

Nach einer Weile landet der Kribbel-Krabbel-Käfer wieder. Das Gute daran ist, dass der kleine Käfer ganz viel Sonne bei seinem Flug getankt hat und dich wunderbar wärmt.

Die Handinnenflächen werden schnell und mit Kraft aneinander gerieben. Die auf diese Weise erwärmten Hände legen die Kinder mal hier und mal dort ruhend auf den Rücken des liegenden Kindes. Bei jedem „Wechsel" werden die Hände neu aneinander gerieben, um neue Wärme zu erzeugen.

Tipp:
Was kann der kleine Kribbel-Krabbel-Käfer noch alles? Rutschen, tanzen, kitzeln oder sich drehen? Wenn die Kinder bereits einige Erfahrungen mit Massagen und Streichelspielen dieser Art gemacht haben, können Sie wunderbar eine Zeit einplanen, in der jedes Kind die Geschichte auf seine Art weiterspinnt. So wird diese Massage ganz abwechslungsreich und nie langweilig.

Fantasiereise „Mit dem Marienkäfer auf der Reise"

Schließe erst einmal deine Augen. Dann höre einen Moment lang in dich hinein, ob du dich auch wirklich wohlfühlst. Magst du deine Brille zur Seite legen oder den Gürtel weiter schnallen? Wenn dich nichts mehr stört, stell dir vor, du machst einen Spaziergang auf einer Wiese.

Es ist ein wirklich schöner Tag und du bewunderst den strahlend blauen Himmel über dir. Während du die Seele baumeln lässt, siehst du in einiger Entfernung einen kleinen Marienkäfer durch die Luft fliegen. „Oh wie schön", denkst du, „so möchte ich auch mal fliegen können."

Und kaum hast du diesen Gedanken zu Ende gedacht, winkt dir der freundliche Käfer schon von weitem zu und kommt auf dich zu.

„Hallihallo", begrüßt dich der kleine Marienkäfer freundlich. Seine roten Flügel leuchten im warmen Licht der Sonne. „Hast du Lust auf einen kleinen Ausflug?", fragt er dich. Na, und ob! Du nickst ihm zu. Und schon hockt er sich vor dich ins grüne Gras und lässt dich auf seinen Rücken hinaufklettern. Du hältst dich sicher fest. Da hebt sich der kleine Marienkäfer mit dir auf dem Rücken in die Lüfte. Ganz vorsichtig und sacht steigt ihr zum Himmel empor. Du staunst, wie die Wiese von hier oben ausschaut. Ganz anders!

So fliegt ihr gemeinsam durch den blauen Himmel. Weiße Wolken schweben schwerelos an euch vorbei.

Schließlich entdeckst du unter dir eine wunderschöne kleine Lichtung. Dort landet der Marienkäfer und setzt dich wohlbehalten ab. Begeistert schaust du dich um. Die Wiese leuchtet so herrlich grün und an einer Stelle entspringt ein kleiner Bach. Munter plätschert das klare, reine Wasser vor sich hin. Der Klang des Wassers lässt dich ganz tief entspannen... Völlig ruhig und entspannt bist du nun...

Rechts und links des kleinen Baches liegen Steine, die ganz glatt und hell sind. Wie riesig große Kiesel, nur viel schöner und vor allen Dingen viel größer.

Du rollst ein paar Steine zur Seite, um euch ein schönes Lager zum Ausruhen zu bauen. Die Steine sind ganz schön schwer. Als jeder Stein an seinem Platz liegt, macht ihr es euch ganz gemütlich. Der kleine Marienkäfer setzt sich neben dich, um sich auszuruhen. Du spürst eine angenehme Schwere in deinen Armen und Beinen... Beide Arme und Beine sind schwer, ganz schwer... Ganz deutlich kannst du die Schwere in deinen Armen und Beinen spüren... Ja, dein ganzer Körper ist schwer...

Während du daliegst, um neue Kraft zu sammeln, schaust du in die Wolken. Was für lustige Formen sie haben. Jede Wolke sieht anders aus. Am besten gefällt dir die kleine Wolke dort, die aussieht wie ein kleines Wolkenschaf.

Da spürst du die Sonnenstrahlen auf deiner Haut und wie sie dich behutsam streicheln. Das tut vielleicht gut. Das Schöne daran ist, dass die Wärme dir neue Kraft schenkt. Beide Arme und Beine sind warm... Ganz warm sind deine Arme und Beine nun... Du spürst die angenehme Wärme der Sonnenstrahlen auf deinen Armen und Beinen... Wunderbar warm...

Plötzlich bemerkst du den kleinen Marienkäfer, der auf eine Blume gekrabbelt ist. Ganz gemütlich sitzt er auf dem Blütenblatt und wippt langsam und ruhig auf und ab.

Dein Atem geht im selben ruhigen und regelmäßigen Rhythmus... Dein Atem fließt ganz ruhig und regelmäßig ein und aus, ein und aus... Lass ihn einfach fließen, vollkommen ruhig und gleichmäßig... Das tut gut und lässt dich noch tiefer entspannen...

Dann beginnst du mit deinem Freund, dem Marienkäfer, zu toben. Ihr spielt Fangen und springt vergnügt hin und her. Mal fliegt der kleine Käfer fröhlich summend hinter dir her. Dann wieder musst du versuchen ihn zu fangen, was gar nicht so einfach ist. Aber du bist geschickt und es glückt dir nach einiger Zeit.

Als ihr genug getobt habt, setzt du dich auf einen Stein gleich am Bach. Mit dem kühlen Wasser erfrischst du deine Stirn. Das Wasser macht deinen Kopf ganz frisch und klar.

Langsam ist es an der Zeit, diesen wunderschönen Ort wieder zu verlassen. Der Marienkäfer fliegt dich wohlbehalten zurück und verabschiedet sich von dir. „Mach's gut und bis zum nächsten Mal!", ruft er dir fröhlich nach. Dann machst du dich rundum gut erholt und voller Kraft auf den Weg hierhin zurück.

▶ **Hinweis:** Bitte vergessen Sie im Anschluss nicht, die Geschichte durch das Zurücknehmen zu beenden.

Weiterführende Spielideen

„Glückskäfer-Geschenkpapier"

Material

Packpapier, Flaschenkorken, rote Farbe sowie schwarzer Filzstift

So geht's

Geschenkpapier braucht man immer. Und wenn es darüber hinaus auch noch umweltfreundlich ist, umso besser. Die Kinder können das runde Korkenende mit Farbe (Fingerfarbe, Plakafarbe, Wasserfarbe o. Ä.) bestreichen und damit allerhand rote Punkte auf dem Packpapier hinterlassen. Sind die Farbtupfen schließlich getrocknet, kann man diesen mit dem schwarzen Stift noch Kopf, Beine und Punkte malen.

„Marienkäfer, flieg!"

Material

Altes Zeitungspapier, Tapetenkleister, Wasser, kleine Luftballons, etwa in der Größe eines Tennis- oder kleinen Handballs, Pinsel, schwarze und rote Farbe

So geht's

Aus Wasser und Tapetenkleister rührt man einen möglichst zähflüssigen Brei, denn sonst dauert das Trocknen zu lang und die beklebten Ballons fangen leicht an zu schimmeln. Das Zeitungspapier wird in kleinere Stücke gerissen oder geschnitten. Mit dem Kleister klebt man nun Schicht für Schicht das Papier um den kleinen aufgeblasenen Ballon. Damit der Marienkäfer wirklich stabil bleibt, sollten es schon mehrere Schichten sein.

Dann müssen die beklebten Ballons gut durchtrocknen. Je nachdem wie viel Kleister oder Papierschichten verwendet wurden, kann dies einige Tage dauern.

Ist das Papier wirklich gut durchgetrocknet und hart, wird der kleine Käfer bemalt: Roter Körper, der Kopf oben schwarz, die Punkte ebenfalls.

Ist die Farbe getrocknet, kann man die Käfer in einen kleinen Zweig hängen, an das Fenster oder an die Zimmerdecke. Ein netter Blickfang!

Tipp:
Wer mag, kann den Marienkäfern mit Pfeifenputzern noch kleine, biegsame Fühler basteln. Dann werden sie noch plastischer.

Mai

Entspannungsrätsel „Pusteblume"

Schließe deine Augen. Dann stell dir vor, du bist eine kleine Pflanze. Eine Blume, die alle Kinder gerne mögen. Deine grünen, saftigen Blätter sind bei Meerschweinchen sehr beliebt. Du wächst, wenn die Sonne hell und warm scheint... Man findet dich fast überall: Im Garten und auf Wiesen. Selbst am Straßenrand blühst du. Deine Blüte ist erst leuchtend gelb wie eine Sonne... Und dann wird sie weiß. Wenn Kinder dich entdecken, holen sie tief Luft und pusten in deine weiße Blüte hinein. Die kleinen Fallschirmchen, aus denen deine Blüte besteht, schweben und segeln dann ganz vergnügt durch die Luft.

Weißt du, welche Blume gemeint ist?

Mitmachgeschichte „Von Löwenzahn und Pusteblumen"

Übungsanleitung

Stellt euch vor, ihr seid eine Blume. Diese Blume kennt ihr alle: Eine Pusteblume. Jede Pusteblume sucht sich nun einen Platz hier im Raum. Schaut, dass alle Pusteblumen möglichst gleichmäßig im Raum verteilt sind.

Alle Kinder verteilen sich im Raum. Eventuell sollten Sie etwas helfen, falls ein paar Kinder zu dicht aneinander stehen.

Stolz steht ihr da. Eure gelben Blütenköpfe leuchten im Licht der warmen Sonne. Ihr reckt und streckt eure gelben Blüten in Richtung Himmel, als wolltet ihr der Sonne entgegen wachsen.

Jeder versucht sich zu recken und zu strecken.

Ein sanfter Wind schaukelt dich sanft hin und her, hin und her.

Alle wiegen sich sanft an ihrem Platz in ganz ruhigem, gleichmäßigem Tempo von einer Seite zur anderen.

Die Sonne scheint kräftiger und ihre Sonnenstrahlen werden zunehmend wärmer. Ihr spürt die wohltuende Wärme der Sonne.

Jeder versucht mit den offenen, flachen Händen seinen eigenen Körper von den Schultern/dem Nacken beginnend Stück für Stück bis zu den Füßen warm zu rubbeln.

Und je kräftiger die Sonne mit ihrer Wärme scheint, desto mehr verblasst das Gelb eurer Blüten und wird langsam weiß. Schließlich sind die Blüten der Pusteblumen ganz plustrig. Einige Kinder kommen vorbei und entdecken euch. Sie freuen sich sehr, denn sie lieben Pusteblumen. Eines von ihnen holt tief Luft und „hui", bläst es in die erste weiße Pusteblumenblüte hinein. Diese wirbelt vergnügt im blauen Himmel umher.

Pusten Sie dem ersten Kind kräftig zu. Dieses darf sich wie beschrieben bewegen. Und so folgt ein Kind dem nächsten, bis Sie alle Kinder angepustet haben.

Es macht riesig Spaß, den vielen Pusteblumenblüten zuzusehen, wie sie schwerelos am Himmel umhersegeln. Manche Blüten tanzen auch zu zweit durch die Luft.

Wenn die Kinder beim „Fliegen" jemandem begegnen, dürfen sie sich auch zu zweit an die Hand nehmen und so einen Moment gemeinsam durch den Raum „schweben".

Schließlich lässt die Puste nach und die Blüten werden langsamer... Langsamer... Und immer langsamer...

Die Kinder nehmen mehr und mehr Tempo raus und gehen nur noch ganz langsam, wie in Zeitlupe, im Raum umher.

Die erste Blüte ist bereits auf der Wiese gelandet. Ganz sanft und vorsichtig. Glücklich und zufrieden liegt sie nun da, Ruhig und entspannt. Und dort landet die Zweite... die Dritte... Und noch eine... Bis schließlich auch die letzte Blüte der Pusteblume sanft gelandet ist.

Die Kinder suchen sich dabei einen Platz im Raum und eines nach dem anderen legt sich hin.

Tipp:
Wenn Sie im Anschluss an die Übung direkt eine Fantasiereise anfügen, sollten Sie vor Spielbeginn am besten die Matten/Decken am Boden verteilt haben, damit es weiterhin ruhig bleibt und so nahtlos in die Entspannung übergegangen werden kann.

Massage „Komm, wir spielen Pusteblumen"

Übungsanleitung

Alle Kinder samt Übungsleiter setzen sich so in einen Kreis, dass jeder einen Vordermann zwischen seinen Beinen sitzen hat und gut an dessen Rücken kommt.

Stell dir vor, du spazierst über eine schöne Wiese.

Mit den offenen Handinnenflächen wird locker über den gesamten Rücken geklopft.

Ach, das macht Spaß. Vor allen Dingen, weil das Gras unter den nackten Füßen kitzelt.

Es wird leicht über den Rücken verteilt gekitzelt.

Schau mal, dort wachsen überall Pusteblumen. Wie schön sie aussehen!

Mit dem Zeigefinger werden hier und da über den gesamtem Rücken verteilt kleine Kreise gemalt und so die runden Blüten dargestellt.

Die Sonne scheint hell und warm. Die angenehme Wärme der Sonnenstrahlen lässt die runden Blüten noch mehr wachsen und die Pusteblumen sprießen.

Alle Finger werden mittig zusammengenommen und am Rücken des Vordermanns aufgesetzt. Dann wird mit den Fingern gleichmäßig und zeitgleich nach außen gefahren, als würden sich die Blüten richtig öffnen und weiterwachsen.

Ganz sanft fährt ein Wind über die grüne Wiese.

Alle dürfen den Rücken von oben bis unten leicht anpusten. Sollten Sie die Übung an kalten Tagen durchführen und die Kinder dicke Woll- oder Fleecepullis tragen, sollten Sie den Wind besser mit den Fingern/Händen darstellen, damit man ihn auch spürt.

Die Pusteblumen werden hin- und hergeweht.

Beide Hände werden links oben an der Schulter aufgesetzt und gleichzeitig zur rechten Seite gezogen. Auf diese Weise können die Kinder in Zickzacklinien den Rücken bis unten massieren.

Jetzt pustet der Wind aus vollen Backen und die Blüten der Pusteblumen werden abgeblasen. Sie wirbeln vergnügt durch die Luft…

Die Kinder wirbeln mit den Fingerspitzen leicht über den Rücken, dann wird leicht geklopft.

… bis all die vielen Blüten schließlich langsam und sachte auf die Wiese rieseln.

Beide Hände werden oben an den Schultern aufgelegt und sanft in Richtung Po nach unten gezogen.

Tipp:
Diese Sitz- bzw. Übungshaltung eignet sich besonders für recht große Gruppen oder dann, wenn die Zeit begrenzt ist. Denn hierbei massieren alle zeitgleich und man muss im Anschluss nicht erst noch wechseln. Allerdings ist dies mit einer Kleingruppe eher schwierig. In dem Fall bilden Sie einfach, wie bei den meisten anderen Massagen, Zweiergruppen.

Fantasiereise „Liebe Pusteblume, nimm mich mit"

Leg dich nun ganz bequem hin und schließe deine Augen. Fühlst du dich rundum wohl? Dann stell dir vor, es ist ein richtig schöner Tag. Du sitzt gemütlich auf der Gartenbank, baumelst vergnügt mit deinen Beinen und liest in einem spannenden Buch. Dabei kannst du wunderbar entspannen und alles um dich herum für eine Weile vergessen.

Während du so dasitzt, legst du dein Buch einen Moment zur Seite. Du schaust in den Himmel. Viele Wolken sind zu sehen. Wie lustig sie aussehen! Du schaust gerne den vorbeiziehenden Wolken zu. Wo sie nur hinfliegen? Eine Wolke sieht aus wie eine Leiter. Dort drüben schwebt eine Wolke heran, die hat die Form eines großen Drachen. He, und dort drüben die kleine Wolke sieht aus wie eine Pusteblume. Ach, du liebst Pusteblumen! Es macht einfach riesig Spaß, in ihre weißen Blüten hineinzublasen und all die kleinen Fallschirmchen fliegen zu lassen.

Plötzlich spürst du, wie es sacht auf deine Schulter klopft. Du schaust dich verwundert um. Da ist doch tatsächlich ein kleiner Pusteblumenfallschirm direkt auf deiner Schulter gelandet! Er lacht dich freundlich an. „Na", sagt der kleine Pusteblumenfallschirm keck, „hast du Lust auf einen kleinen Rundflug?" Du nickst begeistert, so freust du dich. „Dann halte dich gut fest", ruft der Pusteblumenfallschirm vergnügt. Kaum hast du nach ihm gegriffen, spürst du, wie du sanft davonfliegst. Das macht wirklich Spaß! Du bist begeistert und kommst aus dem Staunen gar nicht mehr heraus. Das wird dir niemand glauben – es ist einfach fantastisch!

Ihr lasst das Haus und den Garten hinter euch und auch die Straßen und den hohen Kirchturm eurer Stadt. Ihr schwebt hinauf bis zu einer großen, kuscheligen Wolke. Dort landet der fröhliche Pusteblumenfallschirm und macht es sich gemütlich. „Komm", sagt er, „mach es dir bequem." So tust du es ihm gleich und kuschelst dich tief in die schneeweiße Wolke hinein ... Ein Ausflug zu den Wolken, wer hätte das gedacht ...

Ganz ruhig und angenehm still ist es hier oben. Das tut gut und hilft dir dabei einmal richtig abzuschalten und alles andere zu vergessen. Du liegst ganz ruhig und entspannt in deiner Wolke, gleich neben dem Pusteblumenfallschirm ... Deine Arme und Beine sind schwer ... Ganz deutlich kannst du die

Schwere in deinen Armen und Beinen spüren… Es ist eine ganz angenehme Schwere… Ja, dein ganzer Körper liegt nun schwer und entspannt in der Wolke…

Die Wolke zieht langsam und gemächlich den blauen Himmel entlang. Da bemerkst du die Sonne, die um die Ecke linst und dir freundlich zulächelt. Du kannst ihre warmen Strahlen fühlen. Es fühlt sich an, als würden die Sonnenstrahlen deine Haut streicheln. Beide Arme und Beine sind warm, ganz warm… Du spürst die strömende Wärme ganz deutlich in Armen und Beinen… Beide Arme und Beine sind wohlig warm… Du fühlst dich rundum wohl und ganz geborgen hier oben und genießt den außergewöhnlichen Ausflug in vollen Zügen…

Da spürst du, wie ein ganz sanfter Wind die Wolke schaukelt. Ganz sacht und ruhig. Genau so ruhig und regelmäßig fließt dein Atem… Dein Atem geht ruhig und regelmäßig… Lass deinen Atem einfach fließen, völlig ruhig und gleichmäßig… Das tut gut und du spürst, wie du mit jedem Atemzug mehr und mehr entspannst…

Als du genug neue Kraft gesammelt hast, legst du dich bäuchlings auf die Wolke und schaust dir von hier oben alles an. Unter dir zieht eine kleine Wolke vorbei, auf der ein schlafender Stern liegt. Der hat offenbar den Tag verschlafen und träumt von der nächsten Nacht. Wie lustig! Augenblicklich musst du schmunzeln.

Langsam ist es an der Zeit für den Heimweg. Auch der Pusteblumenfallschirm hat offenbar genug entspannt und rappelt sich hoch. Er genießt den Ausflug auch und lächelt dir freundlich zu. „Komm", sagt er, „es ist Zeit für den Rückflug." So hältst du dich wieder an ihm fest und gemeinsam segelt ihr gemütlich durch den Himmel. Die Stadt taucht wieder unter euch auf. Als Erstes siehst du den Kirchturm, dann die Straßen, euer Haus und den Garten.

Dann setzt dich der Pusteblumenfallschirm wohlbehalten auf der Gartenbank ab, wo die Reise kurz zuvor begonnen hat. Du bedankst dich ganz herzlich bei ihm und freust dich, einen neuen, ganz besonderen Freund gefunden zu haben.

> ▶ **Hinweis:** Bitte vergessen Sie im Anschluss nicht, die Geschichte durch das Zurücknehmen zu beenden.

Weiterführende Spielideen

„Pusteblume und Löwenzahn"

Material

Ein Bogen blauer/s Tonkarton/Tonpapier, grünes und gelbes Krepp- oder Seidenpapier, Watte, Klebstift, Schere

So geht's

Auf das Tonpapier dürfen die Kinder eine Wiese mit Pusteblumen und Löwenzahn kleben. Mit dem grünen Papier klebt man die langen Grashalme. Dazwischen kann man gelbe Blüten für den Löwenzahn setzen und die Pusteblumen aus kleinen Wattebällchen gestalten.

„Flieg, kleiner Fallschirm"

Material

Pro Kind ein Stück weiße Watte

So geht's

Kinder lieben Spiele mit Watte und für eine gesunde Atmung sind diese auch immer willkommen. Da man nicht immer richtige Pusteblumen von draußen zur Hand hat, kann man ersatzweise Pusteblumenblüten in Form von weißer Watte nehmen.

- Jedes Kind bekommt eine „Pusteblumenblüte" (Watte) und darf diese versuchen möglichst hoch in die Luft zu pusten und mit den Händen anschließend wieder aufzufangen.
- Alle Mitspieler legen ihre „Blüte" vor sich auf dem Boden. Nach dem Startsignal „Pusteblumen los!" versuchen alle ihre eigene Pusteblume möglichst schnell auf die andere Raumseite zu pusten. Wer schafft es als Erster?
- Zwei Spieler stellen sich gegenüber. Der erste nimmt seine „Pusteblumenblüte" in die Hand und pustet sie seinem Mitspieler zu. Schafft dieser es, die Blüte aufzufangen?

Tipp:
Greifen Sie Vorschläge und Spielideen der Kinder auf. Wer Lust hat, kann diese im Anschluss schriftlich notieren. So bekommt man mit der Zeit ein kreatives Ideenbuch für den Alltag, das nicht jeder hat!

Juni

Entspannungsrätsel „Pony"

Schließe deine Augen. Stell dir einmal vor, du bist ein Tier. Ein Tier mit vier kräftigen Beinen. Am Hals hast du eine lange, wehende Mähne. Und hinten einen langen Schwanz... Dein weiches Fell bürsten die Kinder gerne, striegeln und streicheln es liebevoll. Am liebsten stehst du auf der Weide und knabberst am Klee der saftig grünen Wiese. Aber du freust dich auch über knackige Möhren oder einen frischen Apfel... Du hast viel Kraft und bist stark. Wenn du nicht gerade im Stall oder auf der Weide stehst, ziehst du auch schon mal eine kleine Kutsche oder lässt ein Kind auf dir reiten.

Hast du schon erraten, welches Tier du in diesem Rätsel gewesen bist?

Mitmachgeschichte „Im Pferdestall"

Material

Pro Spielpaar ein Seil

Übungsanleitung

Für diese Übung sollten sich die Kinder immer in Zweiergruppen zusammenfinden. Pro Spielpaar gibt es ein Seil. Die Kinder, die als erstes die Pferde spielen, verteilen sich im Raum.

Heute gehen wir in den Pferdestall. Wer kommt mit? Habt ihr alles dabei? Na, dann gehen wir los!

Alle gehen in flottem Schritttempo durch den Raum.

Am Stall angekommen, müssen wir erst einmal in die Sattelkammer gehen, um das Zaumzeug zu holen.

Alle gehen in die Ecke, in der die Seile bereit liegen, und jeder nimmt sich eines.

Nun müssen wir auf die Koppel, um die Ponys zu holen.

Alle pfeifen vergnügt und hüpfen im Hopserlauf im Raum umher.

Wir müssen unter dem Zaun durchkriechen, kommt, wir machen uns ganz klein!

Alle machen sich klein und kriechen einen Moment über den Boden.

Nun sucht euch jeder ein Pony und legt ihm das Zaumzeug um.

Jedes Kind geht mit dem Seil zu einem der „Pferde" und gibt ihm ein Seilende in die Hand.

Haben alle ihr Pony? Dann geht es nun zurück zum Stall um die Pferde zu satteln.

Jeder führt sein „Pony" am Seil.

Bevor gesattelt wird, müssen alle Tiere gut gebürstet werden.

Jedes Kind darf nun sein „Pferd" von Kopf bis Fuß „striegeln", also massieren.
Alle sauber? Glänzt jedes Fell? Dann dürft ihr satteln.

Die „Ponys" bekommen die Seile vor den Bauch, so dass die Seilenden von den anderen Kindern hinter dem Rücken festgehalten werden.

Jetzt dürfen alle einen kleinen Ausritt wagen. Viel Spaß dabei!

Jedes Kind, das ein Pony vor sich hat, setzt sich in Bewegung. Die Kinder dürfen selbst entscheiden, welche Strecke sie gehen und in welchem Tempo. Die „Reiter" sollten jedoch keinen Unfall bauen und keinen anderen umrennen.

Der Ausritt war ganz schön lang. Höchste Zeit für den Rückweg!

Das Tempo wird gedrosselt und alle gehen in gemütlichem Schritttempo.

Alle Pferde werden nun abgesattelt und dürfen für die Nacht in den Stall. Jedes Pferd kommt in seine Box und macht es sich dort ganz bequem.

Wenn Sie möchten und Zeit haben, könnte man an dieser Stelle eine längere Ruhephase, Entspannungseinheit oder Fantasiereise anschließen.

Tipp:
Auch bei dieser Mitmachgeschichte ist es sinnvoll, sie zweimal zu erzählen, damit die Kinder die Rollen tauschen können. Sie können dabei Ideen und Anregungen der Kinder aufnehmen und den Ablauf dadurch etwas verändern.

Massage „Liebes Pony, steh schön still"

Material

Pro Spielpaar eine weiche Bürste

Übungsanleitung

Die Kinder gehen immer in Zweiergruppen zusammen und suchen sich einen Platz im Raum. Ein Kind stellt sich hin und darf als erstes das „Pony" sein.

Schließe nun deine Augen. Höre einen Moment in dich hinein, ob du bequem stehst und so einen Moment verweilen kannst.

Dann stell dir vor, du bist ein kleines Pony. Du hast eine wunderschöne Mähne und einen langen Schwanz. Dein Fell ist herrlich weich und glänzt, wenn die Sonne im Sommer scheint. Heute bekommst du Besuch. Das Schöne daran ist, dass das Kind, das dich besucht, dich ausgiebig putzt, striegelt und bürstet. Du liebst das über alles und stehst schön still und genießt diese Streicheleinheit.

Die Kinder, die massieren, dürfen mit der weichen Bürste ihr „Pony" von Kopf bis Fuß verwöhnen: Bürsten, massieren, streicheln, klopfen... Alles, was gut tut und angenehm ist, ist erlaubt.

Sollten die Kinder Schwierigkeiten haben, die freie Zeit zum Massieren mit eigenen Ideen zu füllen, könnten Sie als Spielleitung aktiv mitmachen, so dass die massierenden Kinder sich anhand Ihrer Berührungen Ideen abschauen können. Sollten die Kinder noch gar keine Vorerfahrungen mit Massagen und Streichelspielen dieser Art haben, können Sie die Massage auch Stück für Stück anleiten und ansagen, wie „Mähne", Rücken, „Schwanz" und Beine des Pferdes zu massieren sind.

Im Anschluss werden die Rollen dann getauscht.

Tipp:
Im Stehen klappt diese Massage erfahrungsgemäß am allerbesten, da die Kinder gut an Kopf, Schultern, Rücken, Po, Beine und Füße kommen. Alternativ kann man sie aber auch im Sitzen oder im Liegen durchführen. Im Liegen ist eine solche Massage immer noch etwas intensiver, aber für viele auch „intimer".

Fantasiereise „Ein Ausritt im Grünen"

Schließe nun deine Augen und spüre einen Moment, wie dein Körper auf dem Boden liegt.

Wenn dich nichts mehr stört, stell dir vor, es ist Sommer. Es ist ein richtiger Sommertag, wie man ihn sich wünscht: Der Himmel leuchtet und strahlt in reinem Blau und die Sonne lockt jedermann nach draußen.

Du schnappst dir dein Fahrrad und fährst zum Stall. Dabei pfeifst du vergnügt vor dich hin.

Gut gelaunt kommst du am Stall an. Du stellst dein Fahrrad ab, nimmst dir das Zaumzeug und holst dein Lieblingspferd von der Koppel. Es sieht dich schon von Weitem und scheint sich ebenso zu freuen wie du. Es kommt dir fröhlich entgegengetrabt.

Am Zaun bindest du es mit den Zügeln fest und beginnst das weiche Fell des Pferdes liebevoll zu bürsten und zu striegeln. Das Fell glänzt im Licht der Sonne, je mehr du es putzt. Es sieht einfach wunderschön aus! Du magst es besonders gern, deinem Pferd durch das weiche Fell zu wuscheln und mit den Fingern durch die lange Mähne zu fahren.

Das Putzen hat großen Spaß gemacht, war aber dennoch ganz schön anstrengend. In deinen Armen und Beinen spürst du eine Schwere... Beide Arme und Beine sind schwer... Ganz deutlich kannst du die Schwere in den Armen und Beinen fühlen... Es ist eine angenehme Schwere...

Nun befestigst du den Sattel noch und los geht der Ausritt. Stolz sitzt du auf deinem Pferd und betrachtest die Gegend. Es ist ganz schön gemütlich hier oben. So reitet ihr in aller Ruhe durch Wald und Flur.

Besonders gut tut es, die Ruhe und Friedlichkeit auf dem Ausritt zu spüren. Du kannst deine Seele mal so richtig baumeln lassen und abschalten um neue Kraft zu tanken. Dein Pferd trägt dich sicher und du fühlst dich rundum wohl.

Nach einer Weile endet das kleine Wäldchen, durch das du geritten bist, und vor dir liegt eine kleine Lichtung, die ganz einladend aussieht. Die Wiese ist herrlich grün, wie es sich für eine richtige Sommerwiese gehört, und überall blühen bunte Blumen, die im warmen Licht der Sonne funkeln wie lauter kleine Regenbogen.

Du steigst ab und lässt dein Pferd grasen, damit es sich stärken kann. Es freut sich über den Klee, der hier auf der Wiese wächst. Du machst es dir auf der Holzbank bequem, die mitten auf der kleinen Lichtung steht. Während du daliegst und faulenzt, spürst du, wie die Sonnenstrahlen dich liebevoll streicheln. Mit einem Mal spürst du ganz deutlich, wie warm sich deine Arme und Beine nun durch das warme Licht der Sonne anfühlen... Beide Arme und Beine sind warm, strömend warm... Immer deutlicher kannst du die angenehme Wärme in Armen und Beinen spüren... Es fühlt sich an, als würde dadurch ganz viel neue Kraft in dir fließen... Du genießt die Wärme der Sonne in vollen Zügen...

Während du so daliegst, betrachtest du die Baumwipfel des kleinen Wäldchens, durch das du gerade geritten bist. Ein Lüftchen zieht ganz sanft durch die Baumkronen hindurch und wiegt diese hin und her, hin und wieder her. Immer im selben ruhigen Rhythmus. Ebenso ruhig fließt dein Atem in dir ein und aus... Dein Atem geht ruhig und regelmäßig... Vollkommen ruhig und regelmäßig fließt dein Atem in dir... Lass es einfach atmen...

Die warme, weiche Nase deines Pferdes stupst dich sachte an der Schulter. Offenbar hat es genug neue Kraft getankt. Auch du fühlst dich nach der Pause gestärkt und stehst auf.

Am Rand des kleinen Wäldchens plätschert ein schmaler Bach. Du führst dein Pferd ans klare Wasser, um es trinken zu lassen. Auch du tauchst deine

Hände ins kühle Nass. Als dein Pferd trinkt, spritzen ein paar kleine Wassertropfen auf deine Stirn. Hm, das tut vielleicht gut und erfrischt einfach wunderbar. Deine Stirn und der Kopf fühlen sich herrlich frisch und klar an. Das ist ein tolles Gefühl.

Dann ist es langsam an der Zeit für den Heimweg. Du steigst auf dein Pferd und trabst über ein Kornfeld in Richtung Stall.

Am Stall angekommen, sattelst du dein Pferd ab, reibst es schön trocken und schenkst ihm als Dank für den gemeinsamen Ausritt einen Apfel. Als es munter auf die Koppel zu den anderen Ponys und Pferden springt, winkst du ihm hinterher. Dann nimmst du dein Fahrrad und fährst gut gelaunt nach Hause.

▶ **Hinweis:** Bitte vergessen Sie im Anschluss nicht, die Geschichte durch das Zurücknehmen zu beenden.

Weiterführende Spielideen

„Reitertreff"

Material

Weiche Bürsten, Decken, „Zaumzeug", Sattel etc.

So geht's

Kinder spielen gerne „Pferd". Da bietet es sich an, eine gemütliche Pferdeecke unter dem Namen „Reitertreff" zu gestalten. Dort findet alles Platz, was mit Pferden zu tun hat oder was man zum Pferdspielen braucht: Vielleicht finden Sie jemanden, der einen Sattel verleiht. Den kann man über einen Hocker oder eine Bank legen und diese als „Pferd" benutzen. Mit den Bürsten kann man sich gegenseitig „putzen", „striegeln" und verwöhnen. Solche Streicheleinheiten zwischendurch tun jedem gut!

Eine Bücherkiste mit Büchern zum Thema Pferd ist sicher auch willkommen. Darin können sich Sachbücher, Lexika, Bilderbücher, Bildbände oder Pferdegeschichten finden.

„Unser Reiterbuch"

Material

Ein Ordner/Schnellhefter, Prospekthüllen

So geht's

Wie wäre es denn mit einem ganz persönlichen Pferdeordner oder Reiterbuch? In diesem Ordner könnte alles zum Thema gesammelt werden: Selbstgemalte Bilder, erfundene Gedichte, ausgedachte Pferdemassagen oder Reiterspiele, eine gemeinsam geschriebene Pferdegeschichte, Fotos, Postkarten sowie wissenswerte Informationen. Dieser Ordner liegt natürlich auch im „Reitertreff" und kann immer wieder ergänzt und mit neuem Material gefüllt werden.

„Hopp, hopp, hopp, Pferdchen lauf Galopp"

Material

Pro Pferd ein größerer, stabiler Pappkarton, Karton, Schere oder Teppichmesser, Pinsel, Farben, Geschenkband oder ersatzweise Kordel, Wolle

So geht's

Dies ist eine Bastelidee, die nicht ganz leicht auszuführen ist, sich aber für wirkliche Pferdefreunde lohnt!

Der Pappkarton wird zum Pferderumpf. Dazu entfernt man die offenen Seiten des Deckels mit der Schere oder mit einem Teppichmesser – dies aber nur unter Aufsicht! Der Kartonboden bekommt eine runde Öffnung, so dass man diesen einem Kind überstülpen kann und es mit Armen, Kopf und Rumpf gut durchkommt und Platz findet. Der Pappkarton wird nach Fertigstellung umgedreht getragen, so dass die runde Öffnung nach oben zeigt. In das hintere Ende kommt ein kleines Loch, durch das man mit Wolle/Wollresten oder auch Krepppapier einen langen Pferdeschwanz durchziehen und festknoten kann. Aus dem anderen Karton schneidet man einen Pferdekopf mit Hals, der an dem Pappkarton, gegenüber vom Schwanz, befestigt wird. Am stabilsten wird dies, wenn man mit dem Teppichmesser den „Pferderumpf" ein Stück einschneidet und den unteren Bereich des Pferdehalses dort durchschiebt.

Nun ist das Pferd fast fertig. Mit Pinsel und Farbe kann man es noch anmalen. Sie können zusätzlich entweder mit Farbe oder mit etwas Wolle eine Mähne am Pferdehals gestalten.

Zum Schluss muss man jetzt nur noch etwas Geschenkband/Kordel rechts und links von der ausgeschnittenen Öffnung befestigen, damit diese als Träger über den Schultern der Kinder sitzt. Ein wirklicher Blickfang und bei Kindern heißbegehrt!

Juli

Entspannungsrätsel „Ferien"

Schließe nun deine Augen. Dann stell dir vor, es ist Sommer. Langsam neigt sich das Schuljahr dem Ende zu... Alle Kinder freuen sich schon sehr auf dich. Denn wenn du da bist, unternimmt man viele schöne, aufregende Dinge, zu denen man sonst im Alltag nicht kommt... Oft ist man gemeinsam als Familie oder auch mit Freunden und Bekannten unterwegs. Einige Leute fahren weg, wenn du begonnen hast, um sich einmal richtig gut zu erholen und um Sonne zu tanken... Das macht großen Spaß! Egal ob man dich in den Bergen, am Meer oder auch zu Hause erlebt, das Beste an dir ist, dass man immer ausschlafen kann so lange man will. Denn kein Wecker klingelt und zu spät kann man auch nicht kommen. Das tut gut! Es ist schön, wenn du da bist, weil man wirklich Zeit für die Dinge findet, zu denen man Lust hat.

Hast du erkannt, wovon die Rede ist?

Mitmachgeschichte
„Hurra, wir fahren in den Urlaub"

Übungsanleitung

Endlich ist die Sommerzeit gekommen. Und mit ihr sind auch die großen Ferien da. Ihr habt euch alle schon so darauf gefreut. Gut gelaunt packt ihr all eure Sachen in einen großen Koffer.

Alle packen pantomimisch ihre Sachen in den Koffer.

Dann macht ihr den Koffer zu. Aber irgendwie klemmt der Verschluss. Ihr ballt die rechte Hand zu einer festen Faust und versucht es mit aller Kraft. Ganz fest haltet ihr die Faust. Mit noch mehr Kraft... So ist es sehr gut. Aber der Verschluss geht nicht zu. Ihr öffnet die rechte Hand wieder und genießt die Entspannung und die wohltuende Wärme, die nun in der rechten Hand deutlich zu spüren ist.

Das wäre doch gelacht, wenn ihr den Koffer nicht zukriegen würdet. Ihr nehmt all eure Kraft zusammen und ballt die linke Hand um den Verschluss. Ihr drückt und drückt, so gut ihr nur könnt. Noch ein bisschen fester... Ganz fest umschließt eure linke Hand den Verschluss – und – geschafft!

Ihr atmet tief ein und aus und merkt, wie sich nun die linke Hand mehr und mehr entspannt... Auch in der linken Hand ist eine angenehme Wärme zu spüren...

Mit dem Koffer in der Hand springt ihr die Treppenstufen hinab und pfeift fröhlich dabei.

Alle hüpfen vergnügt im Raum umher. Wer Lust hat, kann dabei leise vor sich hinpfeifen oder -summen.

Der Koffer und all das andere Gepäck ist im Kofferraum verstaut und los geht die Urlaubsreise. Aber aufgepasst, in der Ferienzeit sind viele Autos unterwegs und hier und da gibt es auch schon mal einen Stau.

Alle setzen sich auf den Boden und drehen mit den Händen an einem imaginären Lenkrad. Mithilfe der Beine schieben sich alle auf dem Po im Raum vorwärts – mal schneller und mal langsamer, je nachdem ob gerade ein anderes „Auto" an einem vorbeifährt.

Da vorne könnt ihr schon das Meer sehen. Ihr stellt das Auto vor dem Ferienhaus ab und lauft geschwind in Richtung Strand.

Alle stellen sich erst hin und laufen dann zügig im Raum umher.

Hei, ist das vielleicht schön hier!

Die Kinder jubeln und freuen sich. Wer mag, kann vergnügt in die Luft springen, lachen und tanzen.

Puh, ihr seid von der langen Fahrt und den ganzen Urlaubsvorbereitungen richtig müde. Daher sucht sich jeder einen gemütlichen Platz am Strand, um sich mal so richtig auszuruhen.

Jeder sucht sich einen Platz, legt sich hin und schließt einen Moment die Augen.

▶ **Hinweis:** Das Ballen der Hände ist ein Element aus der Progressiven Muskelentspannung nach Jacobson. Auf jede Anspannungsphase folgt eine tiefe Entspannung. Für Kinder eine gute Möglichkeit, den Unterschied zwischen An- und Entspannung zu spüren und zu merken, wie anstrengend auf Dauer zuviel Spannung sein kann.

Massage „Komm mit ans Meer"

Material

Pro Spielpaar eine Decke oder Matte

Übungsanleitung

Jeder sucht sich einen Massagepartner. Wenn er ihn gefunden hat, holen sich die beiden eine Decke und suchen sich einen Platz im Raum. Derjenige, der zuerst massiert wird, legt sich der Länge nach auf den Bauch. Das Kind, das massiert, hockt oder setzt sich so hin, dass es gut an den Rücken des liegenden Kindes kommt.

Stell dir vor, du bist am Meer. Es ist ein Sommertag wie aus dem Bilderbuch. Du genießt das Wasser und schaust den Wellen zu.

Mit beiden Händen, von den Schultern aus beginnend, wird mit leichten Schlangenlinien in Richtung Beine gefahren.

Du bist richtig gut gelaunt und springst voller Freude durch das Wasser, so dass es spritzt.

Beide Hände werden zu lockeren Fäusten geballt. Mit diesen klopft man mit angenehmem Druck den gesamten Rücken gut durch.

Schließlich setzt du dich in den Sand und fährst mit den Händen hindurch. Das kitzelt dich sanft und der feine Sand tut richtig gut.

Das massierende Kind spreizt die Finger und fährt mit den Fingern über den ganzen Rücken.

Dann malst du Muster in den glatten Sand.

Mit den Fingern werden Muster, Formen, Mosaike oder kleine Bilder auf den Rücken gemalt.

Ups, da kommt das Wasser an den Strand gespült und wischt alle Muster wieder weg.

Mit beiden Handinnenflächen wird sanft und gleichmäßig über den Rücken verteilt massiert.

Du machst es dir ein Stück unterhalb der Dünen gemütlich und legst dich in den warmen Sand. Ganz ruhig und vollkommen entspannt liegst du da und genießt die Sonne.

Beide Handinnenflächen werden zügig und mit Druck aneinander gerieben. Die so angewärmten Hände werden ruhend auf den Rücken gelegt.

Tipp:
Ändern Sie diese Massage nach Belieben ab: Sie können beispielsweise die liegenden Kinder auch mit Muscheln massieren. Wenn die Kinder Muster malen, können sie darin eine geschriebene Botschaft, ein Wort oder ein Symbol mit einbauen, die das liegende Kind erraten muss.

Fantasiereise „Ein wunderschöner Urlaubstag"

Wenn du bereit bist, schließ nun deine Augen und geh mit deiner Aufmerksamkeit einen Moment in dich. Spüre, ob du dich wohlfühlst und dich nichts mehr stört oder ablenkt.

Dann stell dir vor, es ist Sommer. Endlich haben die Ferien begonnen und heute konntest du mal so richtig ausschlafen. Das tat wirklich gut. So kannst du voller Tatendrang die Sachen für den heutigen Ausflug packen: Handtuch, Badesachen, Sonnencreme, einen Ball und allerhand mehr kommt in deinen Rucksack.

Nach dem Frühstück geht es los und Richtung Meer. Du freust dich riesig, denn du liebst das Meer, den Strand und das Wasser über alles.

Das Wetter meint es gut mit dir und beschert dir heute einen wunderbar sonnigen Urlaubstag. Ganz hellblau ist der Himmel und nicht eine Wolke kannst du entdecken. Die Sonne steht hoch oben und leuchtet ganz hell und vor allen Dingen wunderbar warm.

Die Fahrt dauert zum Glück nicht lange. Als du aussteigst, kannst du schon die salzige Meeresluft riechen und spürst den leichten Wind, der dir durchs Haar streicht. Du atmest tief ein und aus. Die gute Luft hier am Meer lässt dich im Nu ganz ruhig werden.

Du schulterst deinen Rucksack und schlenderst den Trampelpfad entlang zum Strand. Es geht ein Stück die Dünen hinauf. Mit jedem Schritt spürst du die Schwere in deinen Armen und Beinen. Beide Arme und Beine sind schwer, weil du den Rucksack trägst und die Düne hinaufgeklettert bist... Beide Arme und Beine sind schwer... Ganz deutlich kannst du die Schwere in deinen Armen und Beinen spüren...

Oben angekommen hast du einen schönen Ausblick über den ganzen Strand. Auf der rechten Seite steht ein rot-weiß gestreifter Leuchtturm am Rand der Dünen. Ein Stück weiter draußen auf dem Wasser erkennst du ein kleines Fischerboot, das seine Netze ausgeworfen hat.

Du entschließt dich in die andere Richtung zu gehen, der Sonne entgegen. Dort gibt es eine kleine, zauberhafte Bucht.

Mit nackten Füßen schlenderst du durch das Wasser. Das tut gut und barfuß zu laufen macht wirklich Spaß. Der Sand kitzelt so lustig unter den Füßen.

Ein Stück vor dir am Ufer liegt ein Seestern. Er sieht wunderschön aus. Im Licht der Sonne und durch das Wasser sieht er aus wie der Abendstern, der vom Himmel gefallen ist. Du hebst den Seestern vorsichtig auf und wirfst ihn zurück ins Meer. „Gute Reise, kleiner Stern!", rufst du ihm hinterher.

Nun bist du endlich in der Bucht angekommen, zu der du wolltest. Du hast Glück, der blau-weiß gestreifte Strandkorb steht im Sand, als hätte er auf dich gewartet. Du legst deine Sachen und den schweren Rucksack ab. Dann flitzt du zurück ans Wasser. Hier in dieser Bucht gibt es so wunderschöne

Muscheln. Der warme, weiche Sand massiert mit jedem Schritt deine Füße und rieselt durch die Zehen.

Vorne am Wasser liegen unzählige Muscheln, in den schönsten Farben und Formen, die du je gesehen hast. Sie glitzern und funkeln wie richtige Edelsteine. Sogar ein elegant gedrehtes Schneckenhaus findest du.

Nachdem du genug Muscheln gesammelt hast, gehst du zurück zum Strandkorb und machst es dir darin gemütlich. Wie ruhig und still es hier ist. Nur das sanfte Rauschen des Wassers ist zu hören. Du spürst die Sonnenstrahlen auf deiner Haut. Ganz deutlich spürst du die Wärme in deinen Armen und Beinen... Beide Arme und Beine sind warm... Strömend warm fühlen sich deine Arme und Beine an... Die Wärme der Sonne tut gut, denn sie schenkt dir auch neue Kraft und Energie...

Während du so dasitzt und es dir gut gehen lässt, beobachtest du die Wellen, die an den Strand rollen und schließlich wieder ins Meer zurückfließen. Die Wellen kommen... Und gehen... Immer im selben ruhigen und gleichmäßigen Rhythmus. Auch dein Atem geht ruhig und regelmäßig ein und aus... Ganz ruhig und gleichmäßig geht dein Atem... Lass deinen Atem einfach fließen, vollkommen ruhig und regelmäßig...

Du bist vollkommen ruhig und fühlst dich rundum entspannt...

So ein Tag am Meer ist wirklich etwas Schönes.

Als der Nachmittag sich dem Ende zuneigt, packst du deine Sachen wieder in den Rucksack und machst dich auf den Heimweg.

▶ **Hinweis:** Bitte vergessen Sie im Anschluss nicht, die Geschichte durch das Zurücknehmen zu beenden.

Weiterführende Spielideen

„Muschelketten"

Material

Allerhand Muscheln mit Loch, durchsichtiges Nylongarn sowie eine Schere

So geht's

Bei einem Urlaub am Meer dürfen Muscheln nicht fehlen. Das Schöne daran ist, dass man mit ihnen fabelhaft dekorieren kann. Maritimer Fensterschmuck gefällig? Fädeln Sie verschiedene Muscheln auf das durchsichtige Garn und befestigen Sie diese Muschelketten am Fenster. Durch den Luftzug oder die Wärme bewegen und drehen sich die Muscheln.

Tipp:
Haben Sie nicht genug Muscheln zur Hand? Kein Problem, erweitern Sie diese Ketten auf fantasievolle Weise: Am Strand angespülte Hölzer, Federn, bunte Perlen, Glöckchen und viele Dinge mehr lassen sich als Kette auffädeln, so dass richtige Strandgirlanden entstehen.

„Sandige Massage"

Material

Eine große Schüssel mit feinem Sand

So geht's

Jedes Kind darf seine Hände einmal ausgiebig in der Sandschüssel „baden", so dass der lockere, feine Sand die Hände und die Haut massiert.

Haben Sie ausreichend Sand und eine kleine Wanne, in der die Kinder stehen können, lässt sich diese Sandmassage auch für die Füße durchführen. Einfach nur schön!

Tipp:
Wenn Sie mögen, erwärmen Sie den Sand vorab etwas. Die Wärme beruhigt und entspannt zusätzlich.

„Sandbilder"

Material

Tapetenkleister, Wasser, Pinsel, Sand, Papier oder Fotokarton

So geht's

Den Tapetenkleister rührt man mit etwas Wasser zu einem recht festen, zähen Brei. Hat der Kleisterbrei die richtige Konsistenz, dürfen die Kinder mit dem Pinsel „Kleisterspuren" auf das Papier malen, ob bestimmte Motive, Muster oder Formen, ist dabei ganz egal.

Ist die Malerei abgeschlossen, darf jeder reichlich Sand über das Bild rieseln lassen, bis alle feuchten Kleisterspuren gut und reichlich bedeckt sind. Nun lässt man die Bilder trocknen. Ist der Trockenvorgang abgeschlossen, kippt man den restlichen Sand einfach herunter und schon erscheinen zauberhafte Sandbilder.

Tipp:

Natürlich können die Kinder auch Muscheln, Federn, kleine Hölzer, Steinchen oder getrocknete Algenreste mit auf diese Sandbilder kleben – je nachdem, wie kreativ die Bilder sein sollen und wie alt die Kinder sind.

Achten Sie darauf, dass das Papier möglichst fest und stabil ist. Fester Fotokarton eignet sich sehr gut, da er nicht so schnell durchweicht und stabiler ist, wenn Sie die fertigen Bilder aufhängen möchten. Die Kleistermasse soll dabei lediglich den Sand aufsaugen und festkleben, nicht aber den Untergrund aufweichen.

August

Entspannungsrätsel „Zelt"

Schließe jetzt deine Augen. Stell dir vor, dich gibt es in vielen Farben, Größen und Formen. Man braucht dich, wenn man campen oder einfach nur im Garten übernachten möchte... Um dich richtig aufzubauen, gibt es allerhand Stangen, die dir Standfestigkeit verleihen. Außerdem sind an deinen Außenseiten Schnüre, die man mit Haken zusätzlich in der Erde befestigt... Bist du fertig aufgebaut, legt man eine gemütliche Luftmatratze und einen Schlafsack hinein. Es macht Spaß, in dir zu übernachten und mit dem besten Freund/der besten Freundin bis in die späte Nacht hinein zu quatschen.

Hast du erraten, was in diesem Rätsel gemeint ist?

Mitmachgeschichte „Komm, wir gehen zelten"

Material

Ein großes Schwungtuch oder ersatzweise ein Bettlaken / eine dünne Decke

Übungsanleitung

Ach, es sind Ferien und es ist so gutes Wetter. Sollen wir das schöne Sommer-Ferien-Wetter nicht nutzen? Habt ihr Lust zum Zelten? Dann kommt mit auf den Speicher. Das Zelt liegt auf dem Dachboden.

Die Kinder steigen pantomimisch eine lange Leiter hoch.

Meine Güte, war das anstrengend, und hier oben auf dem Dachboden ist es wirklich heiß.

Mit den Händen wird zu beiden Seiten der „Schweiß" von der Stirn gestrichen.

Schaut mal, dort drüben liegt ja das Zelt!

Gemeinsam nehmen alle das am Boden liegende Schwungtuch auf.

Dann kann's ja losgehen!

Jeder fasst das Schwungtuch am Rand und hält es mit den Händen fest, dabei sehen alle in dieselbe Richtung und setzen sich in Bewegung, indem sie schnell im Kreis laufen und das Schwungtuch zwischen sich drehen.

Auf dem Zeltplatz angekommen, setzt ihr euch auf den Boden und macht einen Moment Pause. Dabei atmet ihr ein paar Mal ganz tief ein und wieder aus, das entspannt.

Das Schwungtuch liegt mittig und alle sitzen in einem großen Kreis darum herum. Jeder holt mehrfach hintereinander tief Luft und pustet sie kraftvoll wieder aus.

Nun helfen alle mit und mit vereinten Kräften bauen wir gemeinsam das Zelt auf. Zuerst werden die Haken, die so genannten Heringe, in den Boden geklopft. Denkt dran, dass diese ganz tief im Boden verankert sein müssen, damit das Zelt hält. Das macht ihr am besten im Stehen. Ihr drückt mit dem rechten Fuß den Hering in die Erde. Streckt das rechte Bein durch und

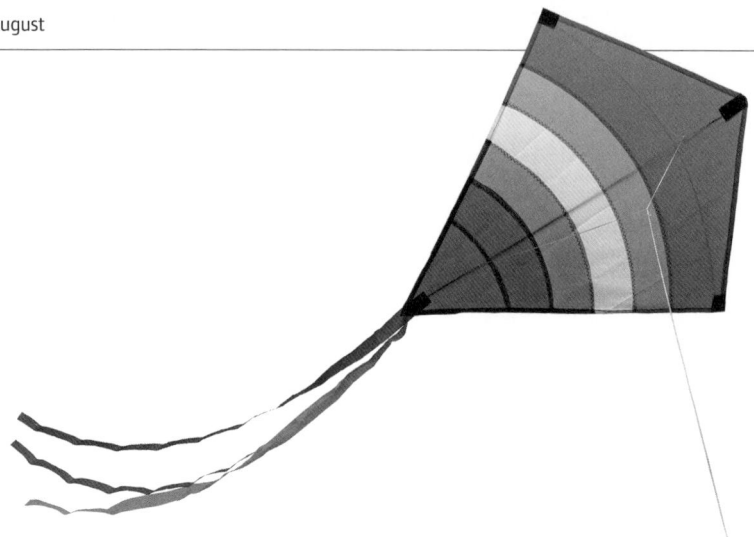

drückt so fest ihr könnt... Noch ein bisschen mehr... Super macht ihr das! Und fest sitzt der Hering!

Die Kinder stellen sich hin und drücken mit dem rechten Bein kraftvoll in Richtung Boden. Dabei wird das gesamte Bein fest angespannt und die Anspannung einen Moment gehalten. Nach dieser Spannungsphase dürfen alle das rechte Bein ausschütteln und spüren, wie wohltuend sich die Entspannung anfühlt.

Da sind noch ein paar Heringe, die in den Boden müssen. Den nächsten drücken wir jetzt mal mit dem linken Fuß in den Boden. Drückt das linke Bein durch... Fest, ganz fest und tretet mit dem linken Bein voller Kraft in Richtung Boden. Der Hering muss ganz in die Erde rein... Noch etwas tiefer... Klasse, auch der Hering sitzt sicher und fest in der Erde!

Es wird genauso vorgegangen wie zuvor schon beim rechten Bein.

Nun heben wir die Zeltplane an und legen sie über die Zeltstangen.

Alle halten das Schwungtuch außen wieder gut fest und heben es nach oben, dann wieder nach unten. Dieses „Auf und Nieder" kann man mehrfach hintereinander machen.

Spürt ihr den kühlen Luftzug? Das erfrischt prima, oder?

Durch das schnelle Anheben und Absenken des Schwungtuchs spürt man deutlich einen Luftzug auf der Stirn, der erfrischt und den Kopf „frei macht".

Das Zelt steht aufrecht, dann könnt ihr es euch alle darin gemütlich machen.

Das Schwungtuch wird noch einmal nach oben gehoben und beim Absenken kriechen alle bis zu den Schultern darunter und legen sich hin. Das Schwungtuch senkt sich dann wie eine große Decke von oben auf alle hinab und deckt sie bis zu den Schultern zu.

Ach, das ist wunderbar! Ihr schließt die Augen und lasst die Seele baumeln. Ganz ruhig und entspannt liegt ihr da ... Wunderbar eingekuschelt und ganz geborgen in dem Zelt.

Jeder schließt die Augen und geht einen Moment in sich, um zu entspannen.

Massage „Auf dem Zeltplatz"

Übungsanleitung

Findet euch bitte immer zu zweit zusammen und sucht euch gemeinsam im Raum einen Platz, an dem ihr es euch gemütlich machen könnt. Einer von euch setzt sich hin und schließt die Augen. Der andere hockt sich dahinter, so dass er gut an den Rücken des Mitspielers kommt.

Stell dir vor, es ist ein ganz sonniger August-Tag. Die Sonne scheint wunderbar hell und warm.

Mit der Handinnenfläche streicht das massierende Kind sanft über den Rücken des sitzenden Kindes.

Dieser Tag ist genau richtig, um im Garten zu übernachten. Du hüpfst vergnügt die Treppenstufen hinab nach draußen.

Mit den offenen Händen wird „klopfend, hüpfend" über den Rücken getrappelt. Dabei sollte der gesamte Rücken einbezogen und gut durchgeklopft werden.

Hinten im Gartenschuppen ist das Zelt, das du brauchst. Du holst es und breitest es ganz glatt auf der Wiese aus.

Von der Rückenmitte aus wird mit den flachen Händen jeweils nach außen gestrichen, in ruhigen, gleichmäßigen Bewegungen und mit sanftem Druck.

Nun schaust du, an welcher Stelle du es am besten aufbaust... Dann kann es weiter gehen. Du steckst die Zeltstangen zusammen und schiebst diese durch die entsprechenden Schlaufen am Zelt.

Mit den Handkanten wird in geraden Linien mit Druck über den Rücken gefahren. Auch hierbei können der gesamte Rücken sowie der Schulterbereich mit einbezogen werden.

So, die Stangen sitzen fest. Nun richtest du das Zelt hoch auf und spannst die Schnüre, damit du es auch außen noch befestigen kannst.

Die massierenden Kinder streichen mit Daumen, Zeigefinger und Mittelfinger gemeinsam in Linien über den gesamten Rücken.

Die Schnüre werden mithilfe der Heringe im Boden befestigt, damit das Zelt auch gegen Wind geschützt ist. Du klopfst die Heringe mit einem Gummihammer in den Gartenboden.

Beide Hände werden zu Fäusten geballt. Mit der unteren Seite der Faust wird über Rücken und Schultern geklopft.

Prima, das Zelt steht. Du holst dir noch einen Schlafsack, Kissen und eine Isomatte, die du im Zelt ausrollst.

Mit den flachen Händen wird von den Schultern beginnend nach unten gestrichen, mehrfach hintereinander, damit der gesamte Rücken massiert wird.

Wunderbar, du freust dich schon auf die Nacht. Und weil das Zelt so einladend wirkt, legst du dich gleich mal probehalber hinein. Ganz ruhig und entspannt liegst du da, auf der Isomatte im molligen Schlafsack, der dich wärmt. Außerdem leuchten die Sonnenstrahlen durch das Zelt hindurch und wärmen dich auch von oben. Das tut gut! Du schließt die Augen und genießt die wohltuende Wärme.

Die massierenden Kinder dürfen durch kreisende Bewegungen den gesamten Rücken „warmrubbeln".

Tipp:
Sollen die Kinder im Anschluss an diese Massage ausruhen oder eine Fantasiereise erleben, sollten Sie die Wärme nicht durch „Warmrubbeln" erzeugen, da dies eher anregend wirkt. Stattdessen können die Kinder einfach in warme Decken gehüllt oder durch das bloße Auflegen der Hände gewärmt werden, wie Sie es schon von anderen Massagen her kennen.

Fantasiereise
„Ein gemütlicher Abend am Lagerfeuer"

Schließe deine Augen und spüre in dich hinein, ob es dir gut geht und du ganz bequem und gut liegst.

Dann stell dir vor, die großen Ferien neigen sich langsam aber sicher dem Ende zu.

Deshalb gibt es ein großes Fest bei deinem besten Freund/deiner besten Freundin im Garten. Der Garten ist ein richtiger Abenteuergarten, wie man ihn sich wünscht: eine riesige Wiese mit Platz zum Ballspielen, Zelten und Spielen. Am Rand wachsen unzählige Bäume, Büsche und andere Pflanzen. Das sieht nicht nur schön aus, sondern man kann dort auch ideal Verstecken spielen, Räuber und Gendarm und andere spannende Sachen. Im hinteren Teil des Gartens gibt es eine Matschecke mit vielen Brettern wie auf einem Bauspielplatz. Mit den Sachen habt ihr schon oft Buden oder Zelte gebaut, in denen man sich wunderbar ausruhen und von Abenteuern träumen kann.

Heute ist mitten auf der Wiese alles für ein Lagerfeuer vorbereitet. Um den Feuerplatz stehen in einem großen Kreis Bänke zum Sitzen mit vielen warmen Decken. Unter einem aufgespannten Sonnenschirm ist ein sommerliches Buffet aufgebaut. Es gibt Kinderbowle mit frischen Erdbeeren und Obstspieße. Außerdem stehen dort leckere Salate und eine Riesenschüssel mit Teig für Stockbrot.

Eifrig machst du dich auf die Suche nach passenden Stöcken, an denen ihr das Stockbrot später rösten könnt, wenn das Lagerfeuer brennt. Du läufst zwischen den Bäumen umher. Oben in den grünen Baumkronen sitzen ein paar Vögel, die ein lustiges Lied zwitschern. Du kannst durch die vielen, saftig grünen Blätter zwar keinen Vogel sehen, aber den Klang hören. Wie schön das klingt, so zart und sommerlich. Ach, wenn es doch nur immer so ein schöner Sommer wäre wie in diesem Jahr.

Nun hast du einen ganzen Vorrat an langen Stöcken beisammen und trägst sie zu den Bänken. Dort kann sich nachher jeder, der mag, einen Stock nehmen.

Die ersten Gäste trudeln ein und ihr begrüßt euch mit lautem „Hallo". Alle haben sich viel zu erzählen und die Zeit vergeht wie im Fluge.

Da bemerkst du erst, dass es bereits Abend geworden ist. Die Lichterkette, die unter dem aufgespannten Schirm hängt, leuchtet. Die kleinen Lämpchen sehen aus wie klitzekleine Sterne am Abendhimmel. Das Lagerfeuer prasselt vor sich hin und gemeinsam stärkt ihr euch am Buffet.

Als du satt bist, setzt du dich auf eine der Bänke um das Lagerfeuer. Du wickelst dich in eine der warmen Decken ein und schaust staunend in den abendlichen August-Himmel hinauf. Die Sterne sind heute richtig gut zu sehen und der Mond zieht am Himmel seine Bahn.

Wie gemütlich es hier doch ist. Alle genießen es, beisammen zu sitzen, das Knistern des Feuers zu hören und nichts tun zu müssen. Einige halten schon ihre Stöcke mit Stockbrot ins Feuer. Es riecht nach frischem Brot, wunderbar!

Du bist nun ganz ruhig und entspannt ... Deine Arme und Beine fühlen sich müde und schwer an ... Es ist eine ganz angenehme Schwere ... Beide Arme und Beine sind schwer ... Die Schwere in Armen und Beinen kannst du deutlich spüren ...

Die Decke hält dich warm und sicher ... Du spürst die wohltuende Wärme in deinen Armen und Beinen ... Beide Arme und Beine sind warm, strömend warm ... Du genießt die wohlige Wärme in deinen Armen und Beinen ... Die

Wärme breitet sich aus, so dass du sie in deinem ganzen Körper spüren kannst...

Wie du so dasitzt, ganz ruhig und entspannt, spürst du auch deinen Atem... Dein Atem geht ganz ruhig und regelmäßig ein und aus... Lass es einfach atmen, ganz von allein... Ruhig und ganz gleichmäßig fließt dein Atem in dir...

Schließlich bist du müde und verabschiedest dich. Als du kurze Zeit später im warmen Bett liegst, fallen dir die Augen zu. Gute Nacht und träum was Schönes!

▶ **Hinweis:** Bitte vergessen Sie im Anschluss nicht, die Geschichte durch das Zurücknehmen zu beenden.

Weiterführende Spielideen

„Köstliches Stockbrot"

Zutaten

500 g Mehl, 3–4 Esslöffel Olivenöl, Salz, Pfeffer, 1/3 von einem Würfel frischer Hefe, ca. 125 ml warme Milch, ggf. etwas lauwarmes Wasser

So geht's

Das Mehl gibt man in eine Schüssel und würzt nach Belieben mit etwas Salz und Pfeffer. Man kann in den Teig auch getrocknete Kräuter mischen, wenn man das Brot lieber etwas würziger haben möchte. Darüber bröselt man die frische Hefe und gibt das Olivenöl hinzu. Ist die Milch erhitzt, gibt man diese in die Schüssel und knetet alles zu einem geschmeidigen Teig. Falls er zu trocken ist, kann man noch etwas lauwarmes Wasser hinzugeben.

Anschließen deckt man die Schüssel mit dem fertigen Teigklumpen mit einem Tuch ab und lässt das Ganze mindestens 30 Minuten gehen.

Ist der Teig fertig, nimmt sich jeder einen kleinen Teigklumpen, „klebt" ihn um ein Stockende und hält ihn dann ins bzw. ans Feuer. Guten Appetit!

Tipp:
Den Teig kann man wunderbar vorbereiten. Es ist auch nicht weiter schlimm, wenn er mehrere Stunden ruht. Wer das Brot lieber deftiger und herzhafter mag, kann auch einen Teil des Mehls durch Vollkornmehl ersetzen oder den Teig komplett daraus zubereiten.

„Kleine Taschenlampe, leuchte mir"

Material

Eine Taschenlampe mit Batterien

So geht's

Ein Abend am Lagerfeuer, eine Übernachtung im Zelt oder gleich eine ganze Übernachtungsparty sind bei Kindern ein Muss in der Sommerzeit. Besonders spannend wird das Ganze natürlich, wenn es draußen dunkel wird.

Ein netter Zeitvertreib sind Spiele mit der Taschenlampe, die Licht ins Dunkel bringen, wie beispielsweise folgende Spielidee: Suchen Sie sich eine glatte Wand oder ein Stück möglichst flachen, ebenen Boden. Das erste Kind beginnt mit der Taschenlampe, knipst diese an und malt mit dem Licht ein kleines, einfaches Bild (Form, Symbol, Buchstaben o. Ä.) auf die Wand/den Boden. Derjenige, der das Bild als Erster richtig erraten hat, ist als Nächstes an der Reihe und darf mit dem Licht der Taschenlampe malen.

„Was war denn das?"

Material

Verschiedene Gegenstände, die den Kindern bekannt sind, zum Beispiel: ein Schlüsselbund, ein Stift, ein Bauklotz, Münzen, Legosteine, ein Spielzeugauto etc.

So geht's

Alle sitzen im Kreis beisammen. Im Raum ist es möglichst dunkel. Die Kinder im Kreis schließen die Augen. Der Spielleiter sitzt außerhalb und lässt einen der Gegenstände ertönen, indem er damit klappert, diese fallen lässt, über den Boden rollt etc.

Derjenige, der das Geräusch als Erster erraten hat, ist als Nächster an der Reihe.

Tipp:
Dies ist ein wirklich schönes Ruhespiel, bei dem auch die größten Zappelkinder schnell zur Ruhe kommen und ganz leise sind. Schließlich will jeder mitraten!

„Geheime Botschaft in dunkler Nacht"

Material

Eine Taschenlampe mit Batterien

So geht's

Der Zauber der Nacht erwacht in der Dunkelheit. Mit der Taschenlampe wird es noch spannender. Ein Kind darf anfangen und sich eine geheime Botschaft ausdenken. Diese schreibt es mit dem Lichtstrahl der Taschenlampe an eine Wand, das Zeltdach, den Boden o. Ä.

Die anderen müssen gut aufpassen, aufmerksam sein und raten, wie die Botschaft lautet.

„Was erzählt die Nacht?"

So geht's

Wie spannend ist die Nacht! Gemeinsame Übernachtungen sind bei Kindern heiß begehrt. Aber oft finden die Kinder dann keine Ruhe zum Einschlafen. Ein tolles Stillespiel, damit wieder Frieden einkehrt und alle zur Ruhe kommen, ist Folgendes:

Alle Kinder schließen die Augen und spitzen mal im dunklen Zimmer oder im Zelt die Ohren: Was erzählt die Nacht denn heute? Welche Geräusche sind zu hören? Säuselt der Wind, rauschen die Blätter im Baum, „schuhut" eine Eule?

Wenn man genug Geräusche gehört hat, kann der Spielleiter mit diesen eine Gutenachtgeschichte erfinden.

Tipp:
Sind Sie selbst ganz kreativ und spontan? Erfinden Sie mit den gehörten Dingen eine nette Fantasiereise zum Einschlafen. Wenn die jeweiligen Geräusche immer noch zu hören sind, können Sie diese an den entsprechenden Abschnitten und Pausen auch mit einbauen. Ein toller Spaß und wunderbar harmonischer Abschluss, bei dem die Kinder mit Sicherheit gut in den Schlaf finden!

September

Entspannungsrätsel „Wald"

Schließe zuerst deine Augen. Dann stell dir vor, du bestehst aus vielen, vielen Bäumen, großen und kleinen Bäumen, Tannenbäumen und auch allerhand Bäumen mit Laub... Es macht Spaß, in dir spazieren zu gehen, denn in deiner Nähe ist es immer ruhig und still. Dabei kann man wunderbar die Seele baumeln lassen und sich entspannen... Manchmal hat man Glück und entdeckt einen deiner Bewohner: einen Hasen, ein scheues Reh oder ein wuscheliges Eichhörnchen, das gerade Nüsse für den Wintervorrat sammelt und geschickt von Baum zu Baum springt.

Hast du erkannt, was gemeint ist?

Mitmachgeschichte
„Wir gehen im Wald spazieren"

Material

Pro Kind eine Kastanie und ein buntes Herbstblatt

Übungsanleitung

Es ist Herbst geworden. Die Herbstsonne hat euch zu einem Spaziergang eingeladen. Ihr freut euch mal nichts vorzuhaben und so bummelt ihr vergnügt durch den bunten Herbstwald.

Alle schlendern vergnügt im Raum umher.

Dort drüben liegt ein umgekippter Baumstamm! Sollen wir darüber balancieren? Kommt, macht alle mit!

Alle balancieren auf dem imaginären Baumstamm und setzen vorsichtig einen Fuß vor den anderen.

Das macht Spaß! So geht ihr weiter durch den Wald. Und weil die Sonne so schön scheint und ihr gute Laune habt, spielt ihr Fangen und lauft vergnügt hintereinander her.

Die Kinder flitzen hintereinander her. Kommt ein anderes Kind vorbei, dürfen sie versuchen es zu fangen und ihm ein Stück hinterherlaufen.

Guckt mal dort drüben, da plätschert ein Bach. Ob wir es schaffen darüberzuspringen? Kommt, wir üben schon mal ein bisschen, weit zu springen...

Alle versuchen möglichst weit zu springen.

Alle startklar? Dann nehmen wir nun alle Anlauf... Rennen los... Achtung... Fertig... Springen...

Alle Spieler stellen sich an einer Wand auf, nehmen Anlauf und springen – hopp – auf die andere Seite!

... Geschafft! Dann geht es auf der anderen Seite des Baches weiter. Schaut mal, dort liegt buntes Herbstlaub. Wie schön die Blätter aussehen und wie lustig diese vom Wind aufgewirbelt werden.

Jedes Kind hebt eines der Blätter auf, kann dieses gegen das Licht halten und seine Farbe betrachten, das Blatt in die Luft werfen und versuchen es wieder aufzufangen.

Vergnügt geht es weiter durch den Wald. Und weil das im Herbst einfach riesig Spaß macht, dürfen alle mit ihren Füßen das bunte Herbstlaub kräftig aufwirbeln. Bei wem von euch fliegt das Laub denn am höchsten?

Mit den Füßen wird das imaginäre Laub aufgewirbelt.

Oh, und schaut mal da. Dort liegen ganz viele Kastanien. Was man damit alles machen kann!

Jeder hebt seine Kastanie hoch und nimmt sie in die Hand, befühlt und betastet sie.

Könnt Ihr die Kastanie vor euch herkullern lassen, indem ihr kräftig dagegenpustet?

Jeder versucht durch kräftiges Pusten seine Kastanie nach vorne zu treiben.

Wer kann denn seine Kastanie in die Luft werfen und wieder auffangen?

Jeder experimentiert mit seiner Kastanie.

Nun ist es Zeit für den Heimweg. Fröhlich geht es nun nach Hause.

Alle fassen sich an den Händen und schlendern gemeinsam durch den Raum.

Zu Hause angekommen, hängt ihr eure Sachen an die Garderobe und legt euch einen Moment aufs Bett, um zu verschnaufen. Ihr schließt die Augen und seid nun ganz ruhig und entspannt.

Jeder sucht sich einen Platz, legt sich dort hin und schließt einen Moment die Augen, um zu entspannen.

Tipp:
Greifen Sie Spielideen rund um die Themen Blatt und Kastanie auf. Spiele zu erfinden macht den Kindern Spaß. Die Mitmachgeschichte wird spannender und noch abwechslungsreicher, wenn Sie spontan weitere Anregungen und Impulse der Kinder mit einbauen.

Massage „Ki-Ka-Kastanie"

Material

Eine möglichst große, runde Kastanie pro Kind

Übungsanleitung

Die Kastanien werden im Backofen bei max. 150° Grad erhitzt, bis sie leicht warm sind. Wenn Sie die Kastanien mehrmals verwenden möchten, sollten Sie in einer hitzebeständigen Form etwas Wasser mit erhitzen, damit im Ofen eine feuchte Hitze entsteht und die Kastanien nicht aufplatzen. Generell lieber etwas länger bei geringer Temperatur als kurz bei hoher Hitze erwärmen.

Alle Spieler setzen sich in einen Kreis. Und zwar mit geöffneten, gespreizten Beinen, so dass jeder vor sich zwischen den Beinen ein anderes Kind sitzen hat und gut an dessen Rücken kommt.

Sitzen alle bequem, bekommt jeder eine erwärmte Kastanie. Mit dieser warmen Kastanie wird nun der Rücken des Vordermannes massiert, gestreichelt und angenehm erwärmt.

Tipp:
Sind nur wenige Kinder da oder ist die Gruppe gut miteinander vertraut? Dann können Sie diese Übung auch als Partnermassage durchführen. Das Kind, das massiert wird, legt sich dazu auf den Bauch auf eine ausgebreitete Decke oder Matte. Dann kann man die wärmende Kastanie auf dem Rücken noch intensiver und besser genießen.

Fantasiereise „Ein Spaziergang im Wald"

Schließe nun einmal deine Augen. Höre in dich hinein, ob dich nichts mehr stört und du dich auch wirklich rundherum wohlfühlst.

Wenn dich jetzt nichts mehr stört, dann stell dir vor, es ist ein schöner Tag. Du hast heute nichts vor und kannst dich einmal richtig vom hektischen Alltag erholen und dich ausruhen. Die Sonne lacht durch dein Fenster und kitzelt dich mit ihren Sonnenstrahlen an der Nasenspitze, als wolle sie dich nach draußen locken und zu einem Spaziergang einladen. „Warum eigentlich nicht?", denkst du und gehst in den Flur. Dort ziehst du dir die festen Schuhe und die mollig warme Weste an und bindest dir ein Tuch um den Hals.

Vergnügt lässt du die Haustür hinter dir ins Schloss fallen und hüpfst den Weg entlang. Du spazierst in den kleinen Wald, der ganz in der Nähe liegt. Hier hat bereits der Herbst Einzug gehalten. Die im Sommer noch saftig grünen Blätter verfärben sich langsam herbstlich bunt. Die Sonne malt mit ihren feinen, hellen Sonnenstrahlen zarte Muster auf dem Waldboden und taucht alles in ein behagliches, helles Licht. Das macht die herbstlichen Bäume noch schöner, vor allen Dingen, wenn man in die noch recht dicht belaubten Baumkronen hineinschaut. Die warmen Rot-, Orange- und Gelbtöne der Blätter leuchten um die Wette wie riesige Laternen. Es sieht einfach wunderschön aus!

So schlenderst du gemütlich und in aller Ruhe durch den freundlichen Wald. Auf dem weichen Waldboden liegt schon etwas Laub, das bei jedem deiner

Schritte ganz leise raschelt. Du bist gerne im Wald, denn hier ist jeder Schritt ganz leise und der weiche Waldboden federt ganz leicht.

Während du die Seele baumeln lässt und durch den Wald spazierst, findest du schon einige Eicheln, Bucheckern und auch Kastanien. Wie schön die glänzen. Du liebst Kastanien über alles. Ganz besonders, wenn diese frisch vom Baum gefallen und aus der Schale gesprungen sind. Sie sind dann immer so wunderbar glatt und glänzen im Licht der Sonne. Du nimmst eine der Kastanien in die Hand und fährst über die glatt polierte Schale.

Wie gut, dass du an den Rucksack gedacht hast. Denn mit diesen Dingen kann man wunderbar basteln: Kastanienmännchen, herbstliche Girlanden, lustige Igel aus Bucheckerkapseln und vieles mehr.

So sammelst du allerhand bunte Herbstblätter, die dir besonders gut gefallen, Kastanien, Eicheln und auch viele Bucheckern ein.

Als du genug gesammelt hast, schlenderst du weiter. Da entdeckst du doch tatsächlich ein kleines Reh mit seinem Kitz ein Stück von dir entfernt. Wie gut, dass es hier so still und freundlich ist, denkst du bei dir.

Mit ruhigem, vorsichtigem Schritt näherst du dich den Tieren. Aus deiner Westentasche ziehst du ein paar der Kastanien, die du gerade aufgesammelt hast, und hältst sie dem Reh vorsichtig entgegen. Das große Reh schaut sich vorsichtig um und betrachtet dich mit seinen braunen, freundlichen Augen. Es scheint dir zu trauen und so kommt es mit dem Kleinen neugierig auf dich zu. Dankbar nehmen sie die Kastanien, die du ihnen hinhältst. Frische Kastanien sind eben ein richtiger Leckerbissen. Zum Dank lässt sich das Reh sogar von dir streicheln. Sein Fell ist ganz weich und warm. Einfach wunderschön fühlt sich das an.

Dann springt das Reh durchs Dickicht davon und das kleine Rehkitz folgt seiner Mutter durch das Unterholz.

Was für ein tolles Erlebnis! Du spürst, wie dir vor lauter Freude ganz warm ums Herz wird.

Ein Stück weiter lichtet sich der Wald und ein grünes, kuscheliges Moosbett lädt dich zu einer kleinen Pause ein. So machst du es dir gemütlich und spürst, wie du mit jedem Atemzug mehr und mehr entspannst.

Fantasiereise „Ein Spaziergang im Wald" 107

Vollkommen ruhig und entspannt bist du nun. Ganz ruhig und entspannt liegst du im weichen Moosbett und fühlst sich rundum sicher und ganz geborgen. In deinen Armen und Beinen spürst du eine wohltuende Schwere... Beide Arme und Beine sind schwer, ganz schwer... Ganz deutlich kannst du die Schwere in deinen Armen und Beinen spüren... Ja, der ganze Körper liegt schwer und entspannt da...

Die Sonne scheint auf dich herab und das kuschelige Moosbett wärmt dich von unten. Wie liebevoll die Sonnenstrahlen deine Arme und Beine streicheln. Beide Arme und Beine sind warm... Wunderbar warm... Du kannst die strömende Wärme in deinen Armen und Beinen deutlich spüren... Die Arme und Beine sind warm, wohlig warm... Die Wärme tut dir gut und schenkt dir neue Kraft...

Dabei spürst du auch deinen Atem... Ganz ruhig und regelmäßig fließt dein Atem ein und aus... Lass deinen Atem einfach fließen, ruhig und ganz gleichmäßig... Ruhig und vollkommen gleichmäßig fließt dein Atem... Du entspannst immer tiefer... Ganz ruhig und entspannt liegst du da...

Als du genug verschnauft hast, stehst du auf und machst dich gut gelaunt und fröhlich auf den Nachhauseweg.

▶ **Hinweis:** Bitte vergessen Sie im Anschluss nicht, die Geschichte durch das Zurücknehmen zu beenden.

Weiterführende Spielideen

„Bunte Herbstketten"

Material

Festes Nylongarn, Nägel, Hammer, eine Nadel, Kastanien, Eicheln, kleine Stöcke, bunte Blätter und andere herbstliche Fundstücke

So geht's

Der Herbst ist bunt und bietet so auch wunderbare Möglichkeiten, mit den herbstlichen Früchten zu dekorieren. Die Kastanien kann man ganz leicht mit einem dicken Nagel und mit Hilfe eines Hammers mit Löchern versehen. Dies ist die günstigere Alternative, falls man keinen Kastanienbohrer zur Hand hat.

So kann man alle bei einem Waldspaziergang gefundenen Naturmaterialien auffädeln: Kastanie, Eichel, Buchecker, ein Stück Rinde, ein buntes Blatt ...

Tipp:
Diese bunten Herbstketten machen sich wunderbar am Fenster. Vor allen Dingen, wenn man mehrere davon nebeneinander hängt und sich die Ketten in der warmen Heizungsluft oder im Licht der Sonne fröhlich drehen.

„Herbstkranz"

Material

Ein kleiner Styroporkranz, Kapseln von Bucheckern

So geht's

Kinderleicht herzustellen sind diese Herbstkränze. Man kann ganz kleine Kränze basteln, in die man ein großes Teelicht stellt. Große Kränze kann man, mit breitem Geschenkband und Schleife versehen, als Türkranz verwenden.

Dazu piekst man einfach die Stiele der Bucheckern möglichst dicht nebeneinander in den Kranz, damit kein weißes Styropor durchschimmert, und hat im Nu einen wirklich herbstlichen Schmuck!

„Bunte Dekoschale"

Material

Eine große Schale, eine dicke Kerze, Kastanien, Tannenzapfen, orangefarbene Lampionblumen (Physalis)

So geht's

Für Stilleübungen, das Durchführen von Fantasiereisen oder auch als Tischschmuck kann man eine herbstlich bunte Schale gut gebrauchen. Bei einem gemütlichen Waldspaziergang sammelt man allerhand Tannenzapfen und Kastanien. In die Mitte der Schale kommt eine dicke orangefarbene Kerze, drum herum platziert man die Zapfen und Kastanien. Und um das Ganze noch etwas bunter zu gestalten, legt man hier und dort noch eine leuchtend orangefarbene Lampionblüte dazu – fertig!

„Herbstliche Lichterkette"

Material

Lampionblumen (Physalis), Lichterkette und eine spitze Schere

So geht's

Lichterketten bringen stimmungsvolles Licht in die Herbst- und Winterzeit. Damit diese nicht so „nackt" aussehen und das Licht noch etwas wärmer wird, kann man sie schmücken. Dazu schneidet man ein ganz kleines Loch in eine frische Lampionblüte neben den Stiel und steckt durch diese kleine Öffnung jeweils ein Lämpchen der Lichterkette.

Tipp:
Achten Sie darauf, dass die Löcher nur ganz klein sind. Wenn die orangefarbenen Blüten der Lampionblumen noch frisch sind, sind diese weich und leicht dehnbar. Sind die hineingeschnittenen Löcher zu groß, rutschen die Blüten leider gleich wieder von dem Lämpchen der Lichterkette herunter.

„Stimmungsvolle Windlichter"

Material

Bunte Herbstblätter, ein Einmachglas, ein Teelicht, Wasser und Tapetenkleister

So geht's

Haben Sie ein Einmachglas? Prima – dann können Sie dies mit den Kindern herbstlich dekorieren. Beim Spaziergang an der frischen Luft sammeln Sie einfach buntes Laub und trocknen dies zwischen alten Zeitungen oder in einem Telefonbuch. Sind die Blätter wirklich trocken, können sie mit dick angerührtem Tapetenkleister rund um die Gläser geklebt werden. Sind Kleister und Blätter fertig getrocknet, stellt man ein brennendes Teelicht ins Glas. Das gibt nicht nur wunderschönes, behagliches Licht, sondern ist auch ein netter Blickfang und ein schöner Schmuck für Tisch und Fensterbank in der Herbstzeit.

Oktober

Entspannungsrätsel „Drachen"

Schließe nun deine Augen. Stell dir vor, dich haben die Kinder selbst gebastelt. Du siehst großartig aus. Du bist kunterbunt und auf deiner Vorderseite sind aufgeklebte Augen in einem freundlichen Gesicht… An deinem Schwanz ist eine ganz lange Schnur, damit man dich gut festhalten kann und du nicht verloren gehst. Das ist wichtig, vor allen Dingen, wenn viel Wind weht… Wenn der Herbst da ist, ist deine Zeit gekommen. Die Kinder gehen mit dir nach draußen und lassen dich steigen. Du steigst am Himmel empor und wackelst fröhlich vom Wind bewegt hin und her. Es sieht aus, als würdest du tanzen… An deiner Schnur sind einige Schleifen, die dich noch bunter machen. Es ist schön anzusehen, wenn man dich von unten betrachtet und der Herbsthimmel hinter dir leuchtet.

Gleich darfst du mir verraten, was du in diesem Rätsel gewesen bist.

Mitmachgeschichte
„Heute lassen wir die Drachen steigen"

Übungsanleitung

Stellt euch vor, es ist Oktober. Der Herbst zeigt sich von seiner besten Seite: Das wunderbare Blau des herbstlichen Himmels leuchtet einem schon von Weitem entgegen und die Sonne strahlt so golden wie das Herbstlaub an den Bäumen. Außerdem weht der Wind. Ein idealer Tag, um Drachen steigen zu lassen!

Ihr geht in den Keller, um den Drachen aus dem Schrank zu holen. Aber offensichtlich scheint das Schloss am Schrank zu klemmen. Ihr umschließt das Schloss mit eurer rechten Hand und versucht, es zu öffnen. Dabei drückt ihr mit aller Kraft, die ihr aufbringen könnt, um es aufzubekommen.

Die rechte Hand wird zu einer festen Faust geballt und die Spannung möglichst fest und intensiv gehalten.

Es klappt nicht. Ihr lasst das Schloss los und spürt, wie sich die rechte Hand entspannt. Weich, warm und ganz locker fühlt sich die rechte Hand nun an. Ihr genießt die Entspannung, die sich dort ausbreitet.

Am besten schließt dabei jeder einen Moment die Augen, um die Entspannung und die einfließende Wärme besser spüren zu können.

Das wäre doch gelacht, wenn ihr den Schrank nicht aufbekommen würdet! Also ein neuer Versuch. Ihr holt tief Luft, umfasst das Schloss mit der linken Hand und drückt so fest es geht. Eure linke Faust wird immer fester und der Druck größer... Ihr haltet die Anspannung noch weiter... Einfach toll, wie ihr das macht... Und da springt das Schloss endlich auf! Euch fällt ein Stein vom Herzen und ihr lockert sofort die linke Hand.

Jeder schließt wieder seine Augen und richtet seine Aufmerksamkeit auf die linke Hand. Dort kann man die einsetzende Entspannung deutlich spüren. In der Regel spüren die Kinder auch eine wohltuende Wärme, die sich dort breit macht.

Ihr nehmt den Drachen aus dem Schrank und rennt damit raus in den Garten.

Alle rennen/laufen ein paar große Runden im Raum.

Dann nutzt ihr den Herbstwind und lasst den Drachen in Richtung Himmel steigen. Wie schön das aussieht, wenn der kunterbunte Drachen zwischen den weißen Wolken umhertanzt und sich im Winde wiegt. Aber der Drachen hat ganz schön Kraft. Ihr spannt den rechten Arm mit aller Kraft an, damit der Drachen nicht entwischt. Ganz fest beugt ihr euren rechten Arm und der Drachen zieht und zieht.

Jeder beugt den rechten Arm nach oben und hält die Anspannung möglichst fest einen Moment.

Das ist vielleicht anstrengend. Ihr nehmt die Drachenschnur in die linke Hand, damit sich der rechte Arm mal einen Moment entspannen kann. Das tut gut und ihr spürt sogleich, wie weich und wie locker sich der rechte Arm nun anfühlt.

Wer mag, kann dabei einen Moment die Augen schließen, um die Entspannung besser spüren und genießen zu können.

Doch der Drachen zieht weiter. So müsst ihr auch im linken Arm all eure Kraft aufbringen, um den Drachen festzuhalten. Immer fester spannt sich euer Arm an. Ihr haltet die Spannung, denn der Drachen soll ja nicht davonfliegen. Immer fester und fester spannt sich der linke Arm.

Motivieren Sie die Kinder, den Arm wirklich kraftvoll zu beugen und den gesamten linken Arm möglichst fest anzuspannen.

Zum Glück wird der Wind etwas schwächer, gerade als ihr merkt, dass eure Kraft nachlässt. Der linke Arm entspannt sich wieder. Ihr spürt, wie entspannt sich der linke Arm anfühlt, wie locker und angenehm warm.

Wie bekannt, dürfen die Kinder ihre Augen schließen, um die Entspannung besser spüren und wirken lassen zu können.

Der Drachen tanzt immer noch vergnügt und ganz ausgelassen im Wind. Ihr tut es ihm nach, denn Tanzen macht nicht nur großen Spaß und befreit, sondern man kann sich dabei prima austoben und entspannen.

Jeder darf nach Herzenslust im Raum umhertanzen, sich drehen, den Körper ausschütteln und dabei versuchen, möglichst viel Spannung abzubauen.

Nun ist es langsam an der Zeit nach Hause zu gehen. Ihr rollt die Drachenschnur Stück für Stück auf, aber das ist gar nicht so leicht, da der Herbstwind immer noch aus vollen Backen bläst. Ihr nehmt all eure Kraft zusammen und zieht die Schultern ganz hoch, bis zu den Ohren. Dabei bringt ihr alle Kraft auf, die ihr habt. Ihr spürt, wie sich die Schultern dabei anspannen und ganz fest werden.

Beide Schultern werden gleichzeitig nach oben gezogen, in Richtung Ohr. Diese Anspannung wird möglichst fest gehalten.

Geschafft, die Schnur ist ordentlich aufgerollt und den Drachen haltet ihr sicher in euren Händen, prima! Da merkt ihr auch, wie sich sofort eure Schultern wieder lockern und nach unten sinken. Die Schultern und die Nackenpartie sind nun ganz locker und entspannt. Wenn ihr die Augen schließt und in euch hineinhört, könnt ihr auch die wohltuende Wärme wahrnehmen, die sich in den Schultern breit macht.

Die Anspannung wird gelöst, die Schultern sinken nach unten.

Fröhlich und gut gelaunt, weil euch der Nachmittag so gut gefallen hat, hüpft ihr nach Hause.

Alle Kinder springen im Hopserlauf ein paar Runden durch den Raum.

Zu Hause angekommen, macht ihr es euch ganz gemütlich.

Die Kinder legen sich einen Moment hin, schließen die Augen und entspannen sich.

Massage „Was mein Drachen alles kann"

Übungsanleitung

Jeder sucht sich einen Mitspieler und stellt sich mit ihm gemeinsam auf. Das Kind, das zuerst massiert wird, stellt sich nach vorne und das massierende Kind dahinter, so dass es an den Rücken kommt.

Die Kinder, die stehen, schließen nun bitte ihre Augen. Jeder hört noch mal in sich hinein, ob er einen guten, sicheren Stand hat und eine Weile so stehen kann. Das klappt am besten, wenn die Füße etwa hüftbreit auseinander stehen und die Knie nicht ganz durchgedrückt, sondern locker sind.

Dann stell dir vor, es ist ein schöner Herbsttag und die Sonne scheint.

Mit den flachen Händen werden die Rücken der stehenden Kinder in ruhigem Tempo gestreichelt.

Natürlich sind auch einige Wolken am herbstlichen Himmel zu sehen.

Die Kinder, die massieren, machen eine lockere Faust und fahren mit der Faust über den Rücken.

Das Tolle am Herbst ist aber der Wind. Der bläst aus vollen Backen und pustet, bläst und weht umher.

Mit den offenen Händen wird zügig über den Rücken gestrichen, von oben nach unten, von rechts nach links.

Da schau mal, dort steigt ein Drachen am herbstlichen Himmel empor.

Die massierenden Kinder fahren mit einer Handinnenfläche den Rücken in leichten Schlangenlinien nach oben bis zur Schulter, etwa in auf Höhe des Pos beginnend.

Und wie toll der Drachen tanzen kann und durch die Luft wirbelt!

Mit der Handinnenfläche werden schnelle Kreisbewegungen auf dem Rücken gemacht und auf diese Weise der gesamte Rücken „gewärmt".

Jetzt wird der Drachen im Wind hin und her gewiegt. Ganz ruhig und gleichmäßig.

Die offenen Hände werden auf die Schultern gelegt und mit leichtem Druck sanft hin und her geschaukelt.

Schließlich neigt sich der Tag dem Ende zu. Der Drachen flattert ruhig und sacht wieder hinab.

Die massierenden Kinder streichen mit der offenen Hand in ruhigem Tempo von den Schultern in Richtung Po.

Jetzt aber schnell nach Hause und ins warme Bett hinein!

Die Hände werden gegeneinander gerieben und die gewärmten Hände werden ruhend auf die Schultern des stehenden Kindes gelegt.

Fantasiereise „Das große Drachenfest"

Nun schließ in aller Ruhe deine Augen. Geh mit deiner Aufmerksamkeit in dich und spüre, ob du wirklich ganz bequem liegst.

Wenn dich nun nichts mehr stört, dann stell dir vor, es ist Herbst.

Die vielen Blätter an den Bäumen haben sich verfärbt und der freche Herbstwind rüttelt immer stärker an den Zweigen.

Heute ist ein toller Herbsttag und der Wind weht kräftig. Genau richtig, um einen Drachen steigen zu lassen. Du gehst in den Keller, um deinen Drachen zu holen, den du im letzten Jahr mit Opas Hilfe gebastelt hast. Das war ganz schön viel Arbeit, aber es hat auch großen Spaß gemacht. Sicher und gut verpackt, liegt dein Drachen im Regal.

Nun ziehst du dir noch eine warme Mütze, Schal und dicke Jacke an. Dann nichts wie raus!

Ganz in der Nähe gibt es ein großes Feld. Das gehört dem Bauern, aber um diese Jahreszeit wächst hier nichts mehr. Das goldgelbe Korn ist bereits geerntet worden. Daher veranstaltet er in jedem Jahr ein großes Drachenfest. Dieser Tag ist heute. Viele Leute sind gekommen. Vor allen Dingen Kinder, die alle einen Drachen dabei haben. Da gibt es große und kleine Herbstdrachen, und Drachen mit einem langen Schwanz, an dem bunte Schleifen hängen. Du kannst dich gar nicht satt sehen und freust dich sehr.

Geschickt lässt du deinen Drachen in die Luft steigen. Du rennst ein Stück und – hui – der Wind hilft dir und trägt deinen Drachen hoch in die Luft. Du musst die Leine ganz schön festhalten, so vergnügt tanzt der Drachen am herbstlichen Himmel.

Aber dein Drachen ist in bester Gesellschaft. Immer mehr Drachen steigen am Himmel empor. Ihre bunten Farben sehen einfach toll aus. Vor allen Dingen, weil die Herbstsonne alles in einem wunderschönen Licht erscheinen lässt.

Dein Drachen fliegt so hoch durch die Luft, dass eine weiße Wolke genau unter ihm vorbeischwebt. Es sieht von hier unten aus, als hätte dein Herbstdrachen es sich auf der Wolke ganz gemütlich gemacht und sich schlafen gelegt. Du ziehst ein wenig an der Schnur und schon richtet sich der Drachen wieder auf. Es sieht aus, als zwinkere er dir zu und wolle dir sagen, dass das Ganze nur ein lustiger Unfug gewesen sei. Offenbar haben auch Drachen hin und wieder den Schalk im Nacken sitzen.

Als sich der Nachmittag langsam aber sicher dem Ende zuneigt, stärkst du dich noch an dem Stand, den der Bauer zum Fest aufgebaut hat. Der Tisch ist geschmückt mit orangefarbenen Kürbissen. Einige von ihnen sind ausgehöhlt und haben lustige Gesichter. Die Kerzen, die in ihnen leuchten, sehen toll aus. Denn ihr heller Schein strahlt aus Augen, Nase und Mund in die beginnende Dunkelheit. Es gibt warmen Kinderpunsch, der dich angenehm wärmt und wunderbar süß schmeckt – ein wirklich schöner Abschluss zum Drachenfest. Du bist ganz ruhig, zufrieden und vollkommen entspannt.

Müde und überglücklich gehst du nach Hause, deinen Drachen fest unter dem Arm.

Als du dich schließlich ins Bett legst, spürst du eine angenehme Schwere in dir. Beide Arme und Beine sind schwer... Du spürst die Schwere ganz deutlich in deinen Armen und Beinen... Ganz schwer fühlen sich deine Arme und Beine an...

Du spürst auch eine angenehme Wärme. Deine Arme und Beine sind warm... Wunderbar warm... Du genießt das Gefühl der Wärme in deinen Armen und Beinen... Beide Arme und Beine fühlen sich warm an... Strömend warm ist nun dein ganzer Körper... Du fühlst dich ganz geborgen und genießt die Wärme, weil sie dir so gut tut...

Dann denkst du an deinen Drachen, wie lustig er im blauen Himmel getanzt hat. Mal nach rechts und dann nach links. Ganz ruhig und gleichmäßig, als würde der Herbstwind ihn wiegen.

Dein Atem geht ebenfalls ganz ruhig und regelmäßig... Lass deinen Atem einfach in dir fließen... Ruhig und gleichmäßig... Ganz ruhig und vollkommen regelmäßig fließt dein Atem in dir ein und aus... Das lässt dich ganz tief entspannen...

Du fühlst dich rundum glücklich, zufrieden und herrlich entspannt.

▶ Hinweis: Bitte vergessen Sie im Anschluss nicht, die Geschichte durch das Zurücknehmen zu beenden.

Weiterführende Spielideen

„Kunterbunte Herbstdrachen"

Material

Pro Kind ein Stück Transparentpapier, Scheren, Klebstifte, Wolle sowie buntes Krepppapier

So geht's

Aus dem Transparentpapier schneidet man Rechtecke, aus denen die Kinder durch einfaches Falten einen Drachen knicken können. Bevor man das Papier auf der Rückseite verklebt, legt man einen längeren Wollfaden hinein und klebt ihn fest, um einen schönen, langen Drachenschwanz zu bekommen. Man kann auch noch kleine Schleifen aus Krepppapier an den Wollschwanz binden.

Tipp:
Die bunten Drachen kann man ans Fenster hängen, wo die Farben gut zur Geltung kommen, wenn Licht durchscheint. Aber auch unter der Zimmerdecke oder an einer freien Wand sind sie ein lustiger, bunter Blickfang, passend zur Jahreszeit.

„Wenn der Herbstwind weht"

Material

Pro Kind ein Blatt Papier, Wasser, Pinsel und Wasserfarbe

So geht's

Der Herbst macht nicht nur die Blätter bunt und bringt allerhand Nüsse und Obst, sondern er bringt auch viel Wind. Und solch ein Herbstwind wirbelt alles durcheinander, auch die Farben!

Mit reichlich (!) Wasser darf jedes Kind bunte Farbkleckse auf seinem Papier verteilen. Dann aufgepasst, der Herbstwind naht: tief Luft holen und kräftig pusten, pusten, pusten...

Ganz schön lustig, wie der Wind die Farben durcheinander pustet und was für Formen er daraus macht!

Tipp:
Den Tisch, an dem diese „windigen" Bilder entstehen, legt man am besten mit einer abwaschbaren Tischdecke aus. Denn je nachdem wie kräftig „der Wind" bläst, können die Farben auch schon mal über das Blatt hinauswandern. Und diese Decke lässt sich nach der Malaktion auch wunderbar wieder abwischen.

November

Entspannungsrätsel „Laterne"

Schließe deine Augen. Dann stell dir vor, es ist dunkel. Im Herbst wird es zum Glück früher dunkel. Wenn die Sterne am Himmel funkeln und der gute, alte Mond am Himmel emporsteigt, dann kommst du zum Einsatz… Die meisten Kinder basteln dich selbst. Es gibt dich in allen erdenklichen Formen, Farben und Größen. In deinem Bauch leuchtet eine Kerze, deren warmen Schein man schon von weitem bewundern kann… Die Kinder tragen dich an langen Stäben und Stecken. Dann ziehen sie fröhlich singend mit dir durch die Straßen. Das ist so wunderschön anzusehen!

Weißt du, was du in diesem Rätsel gewesen bist?

Mitmachaktion
„Komm, wir wollen zum Laternenumzug"

Material

Pro Kind ein leeres Marmeladenglas sowie ein Teelicht, Streichhölzer und ruhige, meditative Musik und einen Kassettenrekorder/CD-Spieler

Übungsanleitung

Jedes Kind bekommt ein Marmeladenglas, in dem ein Teelicht brennt. Den Raum dunkelt man am besten etwas ab, damit die Lichter besser zur Geltung kommen.

Sobald die Musik erklingt, setzen sich alle Kinder mit ihren Lichtern langsam und gemütlich in Bewegung. Am schönsten ist es, wenn alle in einer langen Reihe hintereinander her marschieren. Das Kind, das ganz vorne geht, darf dabei den Weg bestimmen.

Sobald die Musik leiser wird (die Lautstärke regulieren Sie als Spielleitung), stellt das vorderste Kind sein Licht in die Mitte und nimmt in einigem Abstand auf dem Boden Platz. Das nächste Kind tut es ihm gleich, bis schließlich alle Lichter in der Mitte stehen und die Kinder in einem Kreis darum sitzen.

Tipp:
Auch die kleinen „Chaoten" sind bei dieser Spielaktion erfahrungsgemäß ganz vorsichtig und eifrig bei der Sache. Denn die brennenden Teelichter machen schnell klar, dass keine Toberei angesagt ist. Das dämmrige Licht sowie die beruhigende Musik unterstreichen die Stimmung zudem sinnvoll.

Im Anschluss, wenn alle gemütlich beisammen sitzen, können Sie die ruhige, entspannte Atmosphäre wunderbar für eine Geschichte oder Fantasiereise nutzen.

Massage „Mein leckeres Hefeteigmännchen"

Material

Eine Decke oder Matte pro Massagepaar sowie ein kleines Kissen

Übungsanleitung

Die Kinder gehen wie gewohnt in Zweiergruppen zusammen, nehmen sich jeweils eine Decke/Matte und ein Kissen. Das erste Kind darf sich auf den Bauch legen, das andere setzt sich daneben.

Die Laternenzeit ist gekommen. Und somit ist es höchste Zeit, für St. Martin leckere Hefeteigmänner zu backen! Dazu muss der Tisch erst einmal gut sauber gemacht und abgewischt werden.

Dazu „fegen" die massierenden Kinder mit der offenen Hand kreuz und quer über den Rücken der liegenden Kinder.

Alles sauber? Na, wunderbar. Dann kann's ja losgehen! Zuerst brauchen wir eine Tüte frisches Mehl.

In der Mitte des Rückens wird mit trippelnden Fingerspitzen das Fallen des Mehls dargestellt.

Jetzt brauchen wir noch etwas Zucker.

Hier und da wird auf dem gesamten Rücken ganz leicht mit den Fingerspitzen geklopft.

Etwas Backpulver und Hefe darübergeben und fein zerbröseln.

Die massierenden Kinder zupfen mit den Fingerspitzen sanft (!) den Rücken der liegenden Kinder.

Und etwas warme Milch lassen wir vorsichtig in die Schüssel laufen.

Mit den Handinnenflächen wird an der Schulter angesetzt und der Rücken Richtung Po mehrfach nacheinander ausgestrichen.

Jetzt muss der Teig gut durchgeknetet werden. Kräftig, damit sich alle Zutaten gut vermengen.

Der Rücken wird liebevoll, aber dennoch mit etwas Druck, gut durchgeknetet. Die liegenden Kinder dürfen natürlich leise Rückmeldung geben, wenn zu fest massiert wird.

Jetzt formen wir den Hefeteigmann mit Kopf, Armen, Beinen und allem, was dazu gehört.

Jeder darf nun sein liegendes Kind liebevoll an Kopf, Schultern, Armen, Rücken und Beinen ausstreichen.

Fertig? Dann ab in den warmen Ofen!

Jeder reibt die Hände schnell aneinander und legt die so gewärmten Hände auf Schultern und Rücken. Dabei ruhig immer wieder die Hände durch schnelles Reiben erwärmen.

Hm, wie das duftet – wie schön! Wir freuen uns schon auf den Martinstag!

▶ **Hinweis:** Die Kinder sollten im Anschluss die Rollen tauschen. Selbstverständlich können Sie diese Hefeteigmann-Massage auch nach Belieben ergänzen oder nach Ihren Vorstellungen abändern.

Fantasiereise „Mit der Laterne durch die Nacht"

Schließe nun deine Augen. Liegst du ganz bequem und fühlst dich wohl? Dann stell dir vor, es ist Laternenzeit.

Es ist Nachmittag und du sitzt vergnügt im Kinderzimmer an deinem Tisch. Auf dem Tisch liegen bunte Pappe, Kleister, Farben, Schere, Draht und all die Dinge, die du zum Basteln einer Laterne brauchst. „Hm", denkst du dir, „wie sah denn die Laterne im letzten Jahr aus?" Du hast schon einmal eine gelbe Sonne gebastelt mit langen, gelben Strahlen und leuchtend gelbem Gesicht. Im letzten Jahr war deine Laterne ein grasgrüner Frosch mit breitem Grinsen. Auch der Froschbauch war grün. Und die Beinchen des Frosches bestanden aus allerhand grünen Holzperlen. Ganz unten hattest du ein Glöckchen befestigt und an der Unterseite die breiten Froschfüße. Die Glöckchen haben immer ganz leise gebimmelt, wenn du gesungen hast und mit der Laterne von Haus zu Haus gezogen bist. Das hat allen gut gefallen!

Ah genau, jetzt weißt du, was du dir in diesem Jahr für eine Laterne basteln willst. Du bastelst voller Tatendrang drauf los und die Idee ist wirklich gut. So eine Laterne hat bestimmt nicht jeder! Ganz eifrig schneidest du das bunte Papier, klebst und steckst alles zusammen.

Schließlich ist die Laterne fertig. Darauf kannst du wirklich stolz sein! Du hängst sie zum Trocknen auf und schaust nach draußen. Es ist bereits Abend geworden und der Himmel leuchtet wunderbar dunkelblau, wie er es nur in der Nacht tut. Der Mond steht groß und rund am Abendhimmel und sieht aus, als würde er dir zulächeln. Ein paar Sterne leuchten und leisten ihm Gesellschaft. Eine große Abendwolke kommt herangeschwebt. Der Mond nimmt darauf Platz und lässt sich so auf der abendlichen Reise tragen.

Die Straßenlaternen sind auch schon an und vor der Schule auf der gegenüberliegenden Straßenseite brennen Fackeln, die das wunderbare Dunkel der Nacht hell erleuchten. Am Zaun stehen überall Windlichter, in denen Kerzen brennen und ein ganz behagliches, stimmungsvolles Licht verbreiten.

Während du verträumt am Fenster sitzt und das alles betrachtest, hörst du in der Ferne Musik.

Und kurz darauf siehst du auf der Straße den Heiligen Martin auf einem prächtigen Pferd heranreiten. Ganz stolz und mutig reitet er durch die Nacht. Und hinter ihm spielt die Kapelle ein Laternenlied. Wie schön sich das anhört!

Dahinter bestaunst du die Kinder, die mit wunderschönen Laternen in einem großen Zug hinter dem reitenden Sankt Martin herspazieren und leise zur Musik singen. Wie schön das klingt. Das friedliche Miteinander und die Stimmung gefallen dir. Du bestaunst die bunten Lichter und Laternen und freust dich über deine schöne Laterne.

Alle marschieren hintereinander die Straße entlang, auf der heute kein Auto fährt, sondern nur Kinder mit ihren Laternen ziehen. Als der Umzug vorbei ist, gehst du zufrieden nach Hause.

Als du schließlich im Bett liegst, warm eingekuschelt in deine gemütliche Decke, merkst du, wie ruhig und entspannt du bist.

Deine Arme und Beine fühlen sich müde und schwer an. Beide Arme und Beine sind schwer… Ganz deutlich kannst du die Wärme in deinen Armen und Beinen spüren… Beide Arme und Beine sind schwer, ganz schwer…

Dann nimmst du die angenehme Wärme wahr. Besonders gut spürst du die Wärme in deinen Armen und Beinen. Immer mehr wohlige Wärme fließt durch deine Arme und Beine hindurch. Beide Arme und Beine sind warm… Ganz warm sind die Arme und Beine… Die Wärme breitet sich aus und du kannst sie in deinem ganzen Körper spüren…

Du musst an Sankt Martin denken. Wie elegant er oben auf seinem Pferd saß. Ganz sanft wurde er bei jedem Schritt des Pferdes liebevoll hin und her gewiegt. Ganz ruhig und regelmäßig.

Im selben ruhigen Rhythmus fließt dein Atem… Dein Atem geht ruhig und regelmäßig… Du spürst deinen Atem und sein ruhiger, gleichmäßiger Rhythmus lässt dich ganz tief entspannen… Lass es einfach in dir atmen… Ruhig und ganz regelmäßig… Du kannst dabei spüren, dass sich ganz leicht dein Bauch hebt und senkt… Vollkommen ruhig und ganz entspannt bist du nun…

Du träumst von der Laternenzeit und freust dich.

> ▶ Hinweis: Bitte vergessen Sie im Anschluss nicht, die Geschichte durch das Zurücknehmen zu beenden.

Weiterführende Spielideen

„Leuchttüten"

Material

Pro Kind eine Tüte mit Griff aus braunem Packpapier, Scheren, Klebstifte und buntes Transparentpapier

So geht's

Aus den Seiten der Papiertüten schneiden die Kinder je nach Alter und Können Formen und Muster. Dahinter wird dann mit dem Klebstift buntes Transparentpapier geklebt.

Wenn die Kinder lieber mit einem Cutter, Bastel- oder Teppichmesser arbeiten, ist auch das möglich. In dem Fall legen Sie einen alten Katalog, ein Telefonbuch oder einen Stapel alter Zeitungen in die Tüte hinein, damit immer nur eine Seite mit Schnitten versehen wird.

Tipp:
Diese Leuchttüten lassen sich als „normale" Laterne an einem Stab tragen, man kann aber damit auch die Fensterbank dekorieren. Dann stellt man einfach ein leeres, sauberes Marmeladenglas ins Innere und dorthinein ein brennendes Teelicht.

„Es leuchten die Laternen"

Material

Möglichst viele verschiedene Laternen und eine Lichterkette

So geht's

Schon in der Laternenzeit freut man sich bei Dunkelheit über Lichterketten, die gemütliches Licht ins Dunkel bringen. Ob in Spielgruppe, Kindergarten, Schule oder zu Hause, es sammeln sich in jedem Jahr allerhand Laternen, die meist mit viel Liebe, Zeitaufwand und schönen Materialien angefertigt wurden. Viele Familien heben die Laternen von Jahr zu Jahr auf. Warum nicht einmal eine stimmungsvolle Lichterkette mit selbst gebastelten Laternen am Fenster anbringen? So etwas hat garantiert nicht jeder und zudem ist jede Laterne ein ganz persönliches kleines Kunstwerk.

Die Lichterkette bringt man am Fenster an und hängt an die jeweiligen Lichter die verschiedenen Laternen. Dieser Schmuck braucht nicht viel Zeit und sieht dennoch wirklich großartig aus!

„Köstliche Hefeteigmännchen"

Zutaten

Grundmenge für den süßen Hefeteig: 500 g Mehl, 1/3 von einem Würfel frischer Hefe, 100 g Zucker, 1 Päckchen Vanillinzucker, 2 Tropfen Bittermandel-Aroma, 1 Ei, 1 TL Backpulver, 60 g Butter, 100 g Naturjoghurt sowie ca. 200 ml warme Milch, Rosinen, ganze Mandeln oder Haselnüsse

So geht's

Mehl, Zucker, Backpulver und Vanillin füllt man in eine Schüssel und vermengt das Ganze. In einem Topf erhitzt man die Milch zusammen mit der Butter. In der Zwischenzeit gibt man das Ei, den Joghurt, das Bittermandel-Aroma und die zerkleinerte Hefe über die

Mehl-Zucker-Mischung. Sobald die Butter geschmolzen ist, vermengt man diese mit den restlichen Zutaten. Ist alles zu einem geschmeidigen Teig verarbeitet, macht man daraus eine große Teigkugel und lässt sie zugedeckt an einem warmen Ort gehen.

Nach 30–45 Minuten kann man den süßen Hefeteig in gleich große Stücke teilen. Jedes Kind darf nun aus seinem Teigstück einen lustigen Hefeteigmann oder auch eine -frau formen und diese mit Rosinen und Mandeln verzieren.

Alle fertigen Teigmännchen legt man am besten auf ein mit Backpapier ausgelegtes Blech. Achten Sie darauf, dass genügend Platz zwischen den Figuren bleibt, da diese beim Backen noch an Umfang zunehmen.

Tipp:
Diese süßen Hefeteigmänner schmecken köstlich. Sie eignen sich wunderbar als kleines Mitbringsel und Geschenk. Wer ganz viel Zeit, Lust und Muße hat, kann auch einen großen Berg dieser Figuren backen und diese auf dem Laternen- oder Sankt-Martins-Fest gegen eine Spende verkaufen. Sie sind garantiert leckerer und vor allen Dingen frischer als gekauftes Hefeteiggebäck. Vielleicht kann man auf diese Weise die Materialien für das nächste Laternenbasteln finanzieren.

Dezember

Entspannungsrätsel „Weihnachtsbaum"

Ich habe dir heute ein neues Rätsel mitgebracht. Mach es dir bequem und schließe deine Augen. Dann stell dir vor, das Jahr neigt sich dem Ende zu. Bald ist der Dezember vorbei und es kommt der Tag, auf den sich alle Kinder seit langem freuen… Dazu schmücken die Leute dich mit Kerzen, Kugeln, Anhängern, Sternen oder auch mit Süßigkeiten. Deine Nadeln verströmen einen wunderbaren Duft… Meist stellen die Leute dich im Wohnzimmer auf, so dass dich jeder bewundern kann. Aber manche von deiner Art schmücken auch den Vorgarten oder Garten und an ihnen brennen kleine Lichter, sobald es dunkel wird. Freust du dich auch schon?

Hast du erraten, was du in diesem Rätsel gewesen bist?

Mitmachgeschichte „Wir kaufen einen Tannenbaum"

Übungsanleitung

Weihnachten naht. Höchste Zeit, einen Weihnachtsbaum zu besorgen. Schnell, schlüpft in eure warmen Winterstiefel!

Die Kinder ziehen sich pantomimisch die Stiefel über.

Dann der warme Mantel, ...

Nun ziehen alle Kinder den Mantel an.

... die kuschelige Mütze, ... der lange, bunte Schal ... Und zu guter Letzt die Handschuhe.

Die Kinder ziehen sich nacheinander die entsprechenden Kleidungsstücke über.

Brr, ist das kalt draußen!

Alle ziehen die Schultern möglichst weit hoch bis zu den Ohren. Diese Anspannung wird einen Moment gehalten. Motivieren Sie die Kinder, die Schultern noch höher zu ziehen und die Anspannung eine Weile zu halten.

Kommt, wir laufen ein bisschen, damit uns wärmer wird!

Alle laufen gemeinsam in flottem Tempo durch den Raum.

Schaut mal, die Luft ist so kalt, dass man den Atem sehen kann. Wie kleine Wolken sieht es aus, wenn man atmet.

Alle holen gemeinsam tief Luft und atmen aus. Dieses bewusste Ein- und Ausatmen kann man ruhig mehrfach wiederholen.

Jetzt lasst uns über das Feld in den Wald gehen und einen schönen Tannenbaum aussuchen.

Alle gehen kreuz und quer durch den Raum und schauen sich suchend um.

Schaut mal, dort drüben. Der ist doch nett. Der Tannenbaum hat auch genau die richtige Größe. Was meint ihr? Wer mag anfangen zu sägen?

Immer zwei Kinder setzen oder hocken sich einander gegenüber auf den Boden. Sie reichen sich die Hände, halten sie gut fest und ziehen sich so in gleichmäßigem Tempo hin und her.

Wunderbar macht ihr das! Noch ein bisschen, dann habt ihr es geschafft! Prima, der Stamm ist durch. Nun dürfen alle mithelfen und den Baum nach Hause tragen.

Die Kinder „laden" den Baum imaginär auf die Schulter und tragen ihn gemeinsam.

Geschafft! Wir sind wieder zu Hause. Lasst uns den Baum in die Ecke stellen und uns eine Weile ausruhen.

Jeder sucht sich einen Platz im Raum und legt sich dorthin, um einen Moment zu verschnaufen.

Tipp:
Wie gewohnt können Sie im Anschluss eine Fantasiereise einbauen, um die Entspannung zu vertiefen. Oder Sie gehen zum Basteln über, blenden leise, meditative Musik ein und lassen die Kinder ihren ganz eigenen Weihnachtsbaum als Collage gestalten. Ölkreide, Pastellkreide, buntes Tonpapier, Schere, Kleber und Stifte sind dabei hilfreich. Toll sind natürlich auch weihnachtliche Materialien wie Gold- und Silberpapier, Pailletten, Glitzer, Streusternchen und ähnliche Dinge.

Massage
„Der Weihnachtsbaum glänzt voller Pracht"

Übungsanleitung

Wer mag der Weihnachtsbaum sein? Ein wunderschöner Tannenbaum in weihnachtlichem Grün, der passend zum bevorstehenden Weihnachtsfest prächtig herausgeputzt, geschmückt und mit allerhand tollen Sachen behängt wird?

Die Kinder bilden Kleingruppen. Das erste Kind darf sich nun in die Mitte stellen. Die restlichen Kinder der Gruppe verteilen sich um diesen „Tannenbaum" und dürfen seine Zweige vom Schnee befreien, eine „Lichterkette" hineinhängen und dem Weihnachtsbaum allerhand Gutes tun, damit er sich am Weihnachtsfest von seiner schönsten Seite zeigt: Sie dürfen das Kind, das den Baum spielt, von den Schultern an beginnend massieren, mit den Händen streicheln, beklopfen, Kugeln und Weihnachtssterne auf Rücken, Arme und Beine malen und all das tun, was der Tannenbaum gerne mag.

Tipp:
Gesicht, Brust- und Bauchbereich sollte man möglichst aussparen, da dies sehr empfindliche und intime Bereiche sind. Am besten stellen sich die Kinder, die massieren, in einen großen Halbkreis um das stehende Kind, so dass der Rücken und die Seiten mit den Armen gut erreichbar sind.

Teilen Sie die Kinder in mehrere kleine Gruppen auf. Die Gruppen sollten maximal fünf Kinder umfassen. Sechs oder mehr Kinder bringen zu viel Unruhe in die Massage hinein.

Fantasiereise „Endlich ist Weihnachten"

Schließe deine Augen und schau, ob es dir wirklich gut geht und du dich ganz wohl fühlst. Dann stell dir vor, es ist Dezember. Jeden Morgen bist du aus dem Bett gesprungen und voller Freude zu deinem Adventskalender geflitzt. Das macht so viel Spaß und jedes Mal bist du gespannt, welche Überraschung da auf dich wartet.

Jeden Tag freust du dich mehr auf Weihnachten. Du hast schon einen langen Wunschzettel geschrieben. Immer neue Dinge sind dir im Laufe der Weihnachtszeit eingefallen, die du dir wünschen könntest. Und so ist die Liste mehr und mehr gewachsen und inzwischen ganz schön lang geworden. Neben deine Wünsche hast du mit bunten Stiften passende Bilder gemalt. Schließlich bist du dir nicht so sicher, ob der Weihnachtsmann höchstpersönlich kommt, um den Zettel abzuholen. Vielleicht kommt einer seiner Weihnachtswichtel, der noch nicht so gut lesen kann. Sicher ist sicher, hast du dir gedacht.

Den Wunschzettel hast du auf ein grünes Tonpapier geklebt und den Rand mit kleinen goldenen Sternen beklebt, die du ganz allein ausgeschnitten hast. Jetzt klebt das weihnachtliche Bild an deiner Kinderzimmertür.

In deinem Zimmer hast du eine große Kiste. In der stecken allerhand Geschenke, die du ganz allein gebastelt und gemalt hast. Damit es eine Überraschung bleibt, darf niemand aus der Familie hineinschauen. Vorsichtshalber hast du den kleinen Tannenbaum, der sonst immer im Flur steht, daraufgestellt. So wird niemand entdecken, dass lauter kleine Geschenke für deine Familie in der Kiste versteckt sind. Bei dem Gedanken daran wird es dir ganz warm ums Herz.

Du stellst dich ans Fenster und schaust nach draußen. Es ist bereits dunkel und viele goldene Sterne erhellen die Nacht. Selbst der gute, alte Mond leuchtet hell und warm. Auf seinem Kopf sitzt heute eine rote Mütze. Ein richtiger Weihnachtsmond, denkst du und musst lächeln. Das gibt es eben nur an Weihnachten. Alles ist so wunderbar weihnachtlich!

Im Garten ist alles weiß. Und immer noch fällt der Schnee ganz leise und hüllt alles in sein weißes Winterkleid. Der kleine Tannenbaum, den du vom Fenster aus sehen kannst, ist wie von Puderzucker bestäubt. Die Kerzen der Lichterkette funkeln wie kleine, silberne Sterne in der Nacht.

Wie friedlich es dort draußen ist. So voll weihnachtlicher Stille, die man geradezu spüren kann. Ganz viel Weihnachtszauber liegt in der Luft. Du bist mit einem Mal ganz ruhig und entspannt – Beide Arme und Beine sind schwer... Angenehm schwer... Ganz deutlich kannst du die Schwere in deinen Armen und Beinen spüren... Deine Arme und Beine sind schwer, ganz schwer...

Da zieht ein wunderbarer Duft in deine Nase. Auf deinem Nachttisch steht ein Becher mit warmem Kakao. Außerdem riecht das ganze Haus nach köstlichen Weihnachtsplätzchen und Tannengrün. Du trinkst den süßen Kakao und merkst, wie viel Wärme er dir schenkt. Deine Arme und Beine sind warm, strömend warm... Immer mehr Wärme breitet sich in deinem Körper aus... Besonders deutlich spürst du die Wärme in deinen Armen und Beinen... Die wohlige Wärme erfüllt deinen ganzen Körper... Alles ist warm, so wunderbar warm...

Dann bemerkst du deinen Atem. Ganz ruhig und gleichmäßig fließt dein Atem ein und aus... Dein Atem geht ruhig und regelmäßig... Er fließt ein und aus, ein und wieder aus... Immer im selben ruhigen und gleichmäßigen Rhythmus... Das lässt dich ganz tief entspannen...

Ein wunderschönes Weihnachtsfest mit reichlich Lichterglanz und Weihnachtszauber wünsche ich dir!

Gute Nacht!

▶ **Hinweis:** Bitte vergessen Sie im Anschluss nicht, die Geschichte durch das Zurücknehmen zu beenden.

Weiterführende Spielideen

„Weihnachtliche Girlande"

Material

Festes Nylongarn, Tannengrün, buntes Tonpapier/Tonkarton, Schere, Nadel, ggf. Tannenzapfen, Zimtstangen, Sternanis, getrocknete Orangenscheiben o. Ä.

So geht's

Wenn Weihnachten naht, schmückt man gerne das ganze Haus. Ansprechende Weihnachtsdekoration ist jedoch oft sehr teuer. Da bringen selbst gebastelte Girlanden schöne Stimmung und Glanz ins Haus: An Fenstern, als Türschmuck oder auch auf der Fensterbank sind sie ein netter Blickfang.

Die Kinder schneiden aus dem bunten Papier Sterne aus. Mithilfe von Nadel und Nylonschnur werden Tannengrün, selbst gebastelte Sterne sowie nach Belieben auch im Wald gesuchte Tannenzapfen, Zimtstangen und andere Dinge aufgefädelt und bilden so eine bunte Girlande.

Tipp:

Zimtstangen und Sternanis riechen ganz wunderbar und verleihen der Girlande einen weihnachtlichen Duft. Auch getrocknete Orangenscheiben kann man schnell und günstig selber herstellen. Dazu schneidet man eine Orange oder Blutorange, falls man lieber ein dunkleres Rot haben möchte, in dünne Scheiben. Diese kann man an einem warmen Ort trocknen. Dabei sollten Sie nur darauf achten, dass die Scheiben regelmäßig gewendet werden, damit sie besser trocknen. Wer mag, kann die Orangenscheiben zum Trocknen auch auf einen langen Faden ziehen und sie über die Heizung hängen.

Auch kleinere Zweige von Tannengrün bekommt man in vielen Blumenläden oder Gärtnereien umsonst. Diese Reste reichen für die Girlanden, große Tannenzweige müsste man vorher zuschneiden.

„Kinderleichte Geschenke"

Material

Pro Geschenk einen weißen Stoffbeutel sowie Stoffmalstifte/Stoffmalfarben und Pinsel

So geht's

Auch Kinder schenken gerne. Eltern, Großeltern und andere Verwandte freuen sich über selbst gemachte Sachen. Immer gut gebrauchen kann man Einkaufstaschen aus Stoff. Diese schonen die Umwelt und man kann sie gerade an Weihnachten ganz wunderbar als Geschenkverpackung verwenden. Dazu malen die Kinder die Tasche nach Belieben an, können diese beschriften, mit Mustern oder weihnachtlichen Motiven versehen.

Tipp:
Wem die Grundfarbe der Stoffbeutel nicht gefällt, kann diese vorher auch recht schnell und unkompliziert mit einem entsprechenden Färbemittel in der Waschmaschine bunt einfärben. In dem Fall sollten Sie nur darauf achten, dass die Stoffmalfarbe eine gute Deckkraft hat. Diese gibt es übrigens auch in Gold und Silber, was prima zur Weihnachtszeit passt.

Seminare mit der Autorin

Haben Sie Interesse an Entspannungskursen, Fortbildungsseminaren oder der berufsbegleitenden Ausbildung zum Entspannungspädagogen für Kinder? Die Praxis für Entspannungspädagogik & Kreativität bietet seit über 10 Jahren qualifizierte Veranstaltungen rund um das Thema Entspannung mit Kindern an.

Weitere Informationen erhalten Sie auf der Webseite der Autorin.

Bildquellenverzeichnis

S. 11, 20, 36, 45, 54, 62, 71, 80, 90, 101, 111, 121, 130: Shutterstock / goodmoments; S. 22: Shutterstock / MN Studio; S. 28: Shutterstock / Smit; S. 37: Shutterstock / alexkatkov; S. 42: Shutterstock / Nitr; S. 47: Shutterstock / Kuzmenko Viktoria photografer; S. 50: Shutterstock / Mariola Anna S; S. 56: Shutterstock / ninii; S. 63: Shutterstock/ Brian A Jackson; S. 69: Shutterstock / KC Lens and Footage; S. 77: Shutterstock / Kristyna Henkeova; S. 82: Shutterstock / LaMiaFotografia; S. 86: Shutterstock / Tim Masters; S. 87: Shutterstock / Miglena Pencheva; S. 92: Shutterstock / Photo Melon; S. 98: Shutterstock / Ramona Heim; S. 102: Shutterstock / MN Studio; S. 107: Shutterstock / max777; S. 109: Shutterstock / Symonenko Viktoriia; S. 114: Shutterstock/Oksana Shufrych; S. 122: Shutterstock / Marina Lohrbach; S. 128/129: Shutterstock/Zerbor; S. 132: Shutterstock / Smileus; S. 137: Shutterstock / EM Arts

Die Wunder der Welt
Vorschläge und Materialien für spannende Projekte in jedem Fach

Kunterbunte Unterrichtsideen

Wetterphänomene oder das Besondere der Adventszeit mit allen Sinnen und aus den unterschiedlichsten Perspektiven erforschen – dafür liefern die Themenhefte vielfältige Ideen und Materialien aus allen Bildungsbereichen. Damit können Ihre Schüler/-innen neu erworbenes Wissen und Erfahrungen nachhaltig und mit viel Spaß verankern.

Das gesamte Programm unter **cornelsen.de**

Von Lobduschen und Liebesbriefen

Wertschätzung als Schlüssel für ein gutes Miteinander in der Schule

ISBN 978-3-589-15391-6

Eine Frage der Einstellung

Wertschätzung – für jeden Menschen so wichtig und doch oft schwer durchzuhalten. Hier erfahren Sie, was Lobduschen und Likes im Schulalltag bewirken. Die Autorin zeigt auch, dass echte Wertschätzung eine Frage der Haltung ist und weist auf klassische Fallen hin.
Mit vielen Praxisbeispielen und Kopiervorlagen, auch als Download.

Weitere Infos unter **cornelsen.de**

Cornelsen